Louis. Stromeyer

Erfahrungen über Schusswunden im Jahr 1866

als Nachtrag zu den Maximen der Kriegsheilkunst

Louis. Stromeyer

Erfahrungen über Schusswunden im Jahr 1866
als Nachtrag zu den Maximen der Kriegsheilkunst

ISBN/EAN: 9783743639140

Hergestellt in Europa, USA, Kanada, Australien, Japan

Cover: Foto ©ninafisch / pixelio.de

Weitere Bücher finden Sie auf **www.hansebooks.com**

Erfahrungen

über

Schusswunden

im Jahre 1866

als Nachtrag

zu den

Maximen der Kriegsheilkunst

von

Dr. **L. Stromeyer.**

Mit zwei Holzschnitten.

Hannover.

Hahn'sche Hofbuchhandlung.

1867.

Statistische Tabellen

über

1092 Verwundete von Langensalza

am

27. Juni 1866.

Da es im Kriege äusserst schwer ist, sich genaue Nachweise über das endliche Schicksal der Verwundeten zu verschaffen, so halte ich die Mittheilung der nachfolgenden Tabellen für nützlich und habe mich beeilt, sie zu veröffentlichen, weil sie vielleicht noch im Stande sind, ähnliche Arbeiten an das Licht zu ziehen; unsere Tabellen sind in sofern unter günstigen Umständen aufgestellt, weil die Mehrzahl der Verwundeten in Kirchheilingen und Langensalza so lange verbleiben mussten, bis sie in der Reconvalescenz weit fortgeschritten waren und die weite Reise nach Hannover, nach Schlesien oder der Rheinprovinz etc. ertragen konnten.

Am Tage nach der Schlacht konnten 200 leicht verwundete Preussen sofort evacuirt werden. Die Evacuation von 200 transportfähigen Hannoveranern verzögerte sich durch kriegerische Bewegungen bis zum Ende der ersten Woche nach der Schlacht. Diese 200 sind deshalb in den Tabellen mitenthalten, viele leicht verwundete Hannoveraner waren aber schon mit ihren Truppentheilen heimgekehrt. Später machte es das Auftreten der Cholera in benachbarten grossen Städten unmöglich, dahin zu evacuiren.

Die Anstalten in und um Langensalza mussten daher für den längeren Aufenthalt einer verhältnissmässig grossen Zahl von Verwundeten in Stand gesetzt werden. Mit Hülfe von 4 Zelten und 5 Baracken und einigen Kegelbahnen, welche Raum für ungefähr 150 Verwundete darboten, war es möglich, die schlechteren Locale zu cassiren und die Zahl der mit Verwundeten belegten Häuser, welche, mit Ausschluss von Kirchheilingen, 18 betrug, auf 4 zu reduciren.

Kirchheilingen war das nächste Dorf hinter der Schlachtlinie der hannoverschen Armee, ungefähr 1 Stunde davon entfernt. Als ich mich bei Tagesanbruch des 27. Juni nach einem geeigneten Platze für die erste Aufnahmestation der vom Schlachtfelde Kommenden umsah, seufzte ich über die grosse Entfernung des nächsten Dorfes, bis zu welchem an der hochliegenden Heerstrasse kein Tropfen Wasser und kein einziger grösserer Baum zu finden war, Kornfelder rechts und links, die nach der glühenden Sommerhitze der letzten Tage nicht einladend waren, hier die operative Thätigkeit zu beginnen.

Der Erfolg unserer Bemühungen in Kirchheilingen tröstete uns über dies scheinbare Missgeschick, denn die dahin Gelangten waren schliesslich viel besser daran, wie die in der grössten Nähe des Schlachtfeldes in Merxleben, im Schwefelbade und in Langensalza selbst Untergebrachten. Eine schöne Baumgruppe und eine Quelle in grösserer Nähe des Schlachtfeldes hätten mich vielleicht veranlasst, unser Operationstheater daselbst aufzuschlagen und Kirchheilingen wäre nicht entdeckt worden.

Die statistischen Tabellen über die Verwundungen von Seite 4 bis Seite 19 sind in meinem Auftrage von Herrn Assistenzarzt Dr. Lauenstein ausgearbeitet worden, welcher durch Fleiss und Gewissenhaftigkeit dazu besonders befähigt war und ausserdem 6 Monate in Kirchheilingen und Langensalza anwesend gewesen ist. Seine Arbeiten geben auch über die einzelnen Localitäten in und um Langensalza, Merxleben, Rasenmühle, Gräser'sche Fabrik, Schwefelbad, Garnisonlazareth, Hofmeierei, städtisches Krankenhaus, Siechenhof, Schulberg, Realschule, Reinhardsbrunnerhof, Café français, Café Heinemann und das blaue Haus detaillirte Nachweise, doch habe ich es für hinreichend gehalten, diese in einer Generalliste zusammenzufassen, weil die meisten dieser Localitäten frühzeitig geräumt wurden, während die Verwundeten von Kirchheilingen, mit Ausnahme von 7, welche schliesslich noch nach Langensalza verlegt wurden, als Reconvalescenten in die Heimath geschickt werden konnten.

Die Tabelle über die sämmtlich von mir begutachteten hannoverschen Invaliden sowie die übrigen Tabellen habe ich selbst zusammengestellt. Da erstere nur zum Beweise dienen soll, dass eine entsprechende Quote der als geheilt aufgeführten wirklich vorhanden ist, so wurde sie viel einfacher gehalten, als die Tabelle über die Verwundungen.

Es fehlen darin, ausser den Königlich preussischen Invaliden, auch die Officiere, deren Pensionairlisten mir nicht zu Gebote standen.

Kirchheilingen ist ein hochgelegenes, übrigens sehr reizloses Kirchdorf, das aber, ausser seinen Düngerhaufen, keine gesundheitsgefährliche Eigenschaften besass.

In Langensalza waren die hygienischen Verhältnisse weniger beruhigend. Ein offener breiter Canal, welcher die Stadt durchzieht und nur zeitweise gespült wurde, enthielt Gebirge von Mudde und verpestete oft die Luft in bedenklicher Weise. Nach dem Ausbruche der Cholera wurden die Spülungen täglich vorgenommen, aber mit sehr geringem Erfolge für die Verbesserung der Luft. Glücklicherweise konnten wir uns mit den Hospitälern von dem niedriger gelegenen, vom Canale durchzogenen Theile der Stadt zurückziehen.

Auch in Beziehung auf die Verpflegung hatte Kirchheilingen Vorzüge vor Langensalza, wo dieselbe von den Wirthen besorgt wurde, während sich in Kirchheilingen ein patriotisch gesinnter Mann der Sache angenommen hatte und sie zur allgemeinen Zufriedenheit durchführte.

In den Hospitälern in und um Langensalza liessen sich Einrichtungen dieser Art nicht treffen, weil man die Wirthe nicht beseitigen konnte, welche für ihre mässige Kost 17½ Sgr. täglich erhielten. Die barmherzigen Schwestern thaten ihr Mögliches, um durch Beaufsichtigung der Küchen eine gute Kost zu erzielen und wurden durch reichliche Zusendungen von Wein, Kaffee, Fleischextract und anderen Lebensmitteln dazu in den Stand gesetzt.

In Kirchheilingen waren wir mit Hülfe der Hospitaleffecten, welche die hannoversche Armee mit sich führte, in den Stand gesetzt, die Verwundeten sogleich auf Strohsäcke zu lagern und mit Wäsche und Decken zu versehen.

Statistische

über

Verletzungen sämmtlicher in den Hospitälern

behandelten

Langensalza und Kirchheilingen.

Anzahl der Verwundeten .... 1092.

Davon sind Officiere 64

Unterofficiere und Soldaten......... 1028.

Preussen 260

Hannoveraner .... 832.

Es sind vorgekommen:

1) Schusswunden................... 1057

2) Hiebwunden 5

3) Stichwunden 10

4) Verletzungen anderer Art....... 20.

Verletzungen der einzelnen Körpertheile.	Haut- und Muskelwunden.	Knochen-Contusionen.	Knochen-Fracturen.	Eingeweide-Verletzungen.	Gesammtzahl.	Geheilt.	Gestorben.
I. Verletzungen des Kopfes:							
1) des Schädels	26	3	12	5	46	36	10
2) des Gesichts	.			.	.	.	.
a. der Augen	.	.	.	5	5	5	.
b. des Oberkiefers		1	8	.	9	8	1
c. des Unterkiefers	.	1	12		13	13	.
d. Andere Gesichtswunden . .	24	.	.		24	23	1
II. Verletzungen des Rumpfes:							
1) des Halses.		.				.	.
a. des Kehlkopfs und der Luftröhre				1	1	1	.
b. der Speiseröhre			.	.	.	.	.
c. des cavum pleurae			.	1	1		1
d. der Halswirbel	.	.	1		1	.	1
e. Andere Halswunden . . .	16	.	.	.	16	15	1
Latus . .	66	5	33	12	116	101	15

Tabellen

die

in und um Langensalza und Kirchheilingen

Verwundeten.

Kirchheilingen allein.

Anzahl der Verwundeten . . . . 301.
Darunter sind Officiere 18
Unterofficiere und Soldaten . . . . 283.
Preussen 2
Hannoveraner . . . . 299.

Es sind vorgekommen:
1) Schusswunden 285
2) Hiebwunden . . . . —
3) Stichwunden 3
4) Verletzungen anderer Art . . . . 13.

Verletzungen der einzelnen Körpertheile.	Haut- und Muskel-wunden.	Knochen-Contusionen.	Knochen-Fracturen.	Eingeweide-Verletzungen.	Gesammtzahl.	Geheilt.	Gestorben.
I. Verletzungen des Kopfes:							
1) des Schädels	18	1	3	1	23	20	3
2) des Gesichts							
a. der Augen			.	2	2	2	.
b. des Oberkiefers		.	3		3	3	.
c. des Unterkiefers	.	1	3		4	4	.
d. Andere Gesichtswunden . .	10				10	10	.
II. Verletzungen des Rumpfes:							
1) des Halses							
a. des Kehlkopfes und der Luftröhre							
b. der Speiseröhre							.
c. des cavum pleurae							.
d. der Halswirbel	.				.	.	.
e. Andere Halswunden . . .	2	.	.	.	2	2	.
Latus . .	30	2	9	3	44	41	3

Langensalza.

Verletzungen der einzelnen Körpertheile.	Haut- und Muskel-wunden.	Knochen-Contusionen.	Knochen-Fracturen.	Eingeweide-Verletzungen.	Gesammtzahl.	Geheilt.	Gestorben.
Transport . .	66	5	33	12	116	101	15
2) des Thorax							
a. der Pleura und der Lungen	.	.		47	47	16	31
b. des Herzens und der grossen Gefässe	.	.			.	.	.
c. der Rippen und des sternum	.	4	6	.	10	9	1
d. der Rückenwirbel	.	1	2	1	4	1	3
e. Andere Thoraxwunden . .	45	.	.		45	45	.
3) des Bauches							
a. des Peritonaeum	.		.	5	5	3	2
b. des Magens		.	.	.	.	.	.
c. des Dünndarms	.	.		2	2	.	2
d. des Dickdarms	.		.	2	2	1	1
e. der Leber				3	3	2	1
f. der Milz	.	.	.	.	.	.	.
g. der Nieren und des Ureters			.	.	.	.	.
h. der Lendenwirbel	.	.	2	1	3	1	2
i. Andere Bauchwunden . . .	7	.		.	7	7	.
4) des Beckens							
a. der Blase		.	.	4	4	2	2
b. der Harnröhre und der äusseren Geschlechtstheile . . .	3	.	.	2	5	5	.
c. des Mastdarms	.	.	.	2	2	1	1
d. Andere Beckenwunden . .	20	4	20	.	44	33	11
III. Verletzungen der oberen Extremitäten:							
1) der Schulter							
a. der clavicula		1	5	.	6	6	.
b. der scapula	.	1	8	.	9	7	2
c. Beider Knochen	.	.	.		.	.	.
d. Andere Schulterwunden . .	37	.	.	.	37	34	3
Latus . .	178	16	76	81	351	274	77

Kirchheilingen.

Verletzungen der einzelnen Körpertheile.	Haut- und Muskel-wunden.	Knochen-Contusionen.	Knochen-Fracturen.	Eingeweide-Verletzungen.	Gesammtzahl.	Geheilt.	Gestorben.
Transport . .	30	2	9	3	44	41	3
2) des Thorax							
a. der Pleura und der Lungen	.	.	.	6	6	2	4
b. des Herzens und der grossen Gefässe	.	.	.	.	.	.	.
c. der Rippen und des sternum	.	.	2	.	2	2	.
d. der Rückenwirbel	.	.	.	.	.	.	.
e. Andere Thoraxwunden . .	19	.		.	19	19	.
3) des Bauches							
a. des Peritonaeum	.	.	.	1	1	.	1
b. des Magens	.	.	.	.	.	.	.
c. des Dünndarms	.	.	.	.	.	.	.
d. des Dickdarms	.	.	.	.	.	.	.
e. der Leber		.	.	1	1	1	.
f. der Milz	.	.	.	.	.	.	.
g. der Nieren und des Ureters	.	.	.	.	.	.	.
h. der Lendenwirbel	.	.	.	.	.	.	.
i. Andere Bauchwunden . . .	6	.	.	.	6	6	.
4) des Beckens							
a. der Blase		.	.	.	.	.	.
b. der Harnröhre und der äusseren Geschlechtstheile . . .	.	.	.	1	1	1	.
c. des Mastdarms	.	.	.	.	.	.	.
d. Andere Beckenwunden . .	4	1	5	.	10	9	1
III. Verletzungen der oberen Extremitäten:							
1) der Schulter							
a. der clavicula	.	1	.	.	1	1	.
b. der scapula	.	.	2		2	2	.
c. Beider Knochen	.		.	.	.	.	.
d. Andere Schulterwunden . .	9	.	.	.	9	9	.
Latus . .	68	4	18	12	102	93	9

Langensalza.

Verletzungen der einzelnen Körpertheile.	Haut- und Muskel-wunden.	Knochen-Contusionen.	Knochen-Fracturen.	Eingeweide-Verletzungen.	Gesammtzahl.	Geheilt.	Gestorben.
Transport . .	178	16	76	81	351	274	77
2) des Schultergelenks	.		7		7	4	3
3) des Oberarms							
a. des Knochens	.	5	30	.	35	25	10
b. der Weichtheile	59	.	.	.	59	58	1
4) des Elnbogengelenks	1		22	.	23	19	4
5) des Vorderarms							
a. des radius	.	2	8	.	10	10	.
b. der ulna	.	1	11		12	10	2
c. Beider Knochen	.		7	.	7	5	2
d. Andere Vorderarmwunden .	38		.		38	38	
6) des Handgelenks	.		5		5	5	.
7) der Hand							
a. des carpus		1	2		3	3	.
b. des metacarpus		1	11	.	12	12	.
c. der Phalangen.	.	1	15		16	16	.
d. Andere Handwunden . . .	20				20	20	.
IV. Verletzungen der unteren Extremitäten:							
1) des Hüftgelenks	.		4	.	4	.	4
2) des Oberschenkels							
a. des Knochens	.	11	29	.	40	24	16
b. der Weichtheile	156	.	.		156	151	5
3) des Kniegelenks und der patella	3	8	30		41	26	15
4) des Unterschenkels							
a. der tibia		18	22		40	34	6
b. der fibula	.	4	9	.	13	12	1
c. Beider Knochen	.		38	.	38	23	15
d. Andere Unterschenkelwunden	68	.	.		68	67	1
5) des Tibiotarsalgelenks	.	1	14	.	15	12	3
Latus . .	523	69	340	81	1013	848	165

Kirchheilingen.

Verletzungen der einzelnen Körpertheile.	Haut- und Muskel-wunden.	Knochen-Contusionen.	Knochen-Fracturen.	Eingeweide-Verletzungen.	Gesammtzahl.	Geheilt.	Gestorben.
Transport . .	68	4	18	12	102	93	9
2) des Schultergelenks	.	.	.			.	
3) des Oberarms							
a. des Knochens	.	3	5		8	7	1
b. der Weichtheile	21	.	.		21	20	1
4) des Elnbogengelenks	.	.	5	.	5	5	.
5) des Vorderarms							
a. des radius	.	.	.		.	.	.
b. der ulna	.		1		1	1	.
c. Beider Knochen	.	.	3	.	3	3	.
d. Andere Vorderarmwunden .	15		.		15	15	
6) des Handgelenks	.		1		1	1	
7) der Hand							
a. des carpus	.	1	1		2	2	
b. des metacarpus	.		5	.	5	5	.
c. der Phalangen	.		8	.	8	8	
d. Andere Handwunden . . .	12		.	.	12	12	.
IV. Verletzungen der unteren Extremitäten:							
1) des Hüftgelenks	.	.	.	.			.
2) des Oberschenkels							
a. des Knochens	.	3	3	.	6	4	2
b. der Weichtheile	44		.	.	44	43	1
3) des Kniegelenks und der patella	2	.	10	.	12	10	2
4) des Unterschenkels							
a. der tibia	.	4	1	.	5	4	1
b. der fibula	.	1	.	.	1	1	.
c. Beider Knochen	.	.	3		3	1	2
d. Andere Unterschenkelwunden	27	.	.	.	27	27	.
5) des Tibiotarsalgelenks . . .	.	.	1	.	1	.	1
Latus . .	189	16	65	12	282	262	20

Langensalza.

Verletzungen der einzelnen Körpertheile.	Haut- und Muskelwunden.	Knochen-Contusionen.	Knochen-Fracturen.	Eingeweide-Verletzungen.	Gesammtzahl.	Geheilt.	Gestorben.
Transport . .	523	69	340	81	1013	848	165
6) des Fusses							
a. des tarsus		3	12		15	11	4
b. des metatarsus		4	14		18	18	.
c. der Phalangen.	.	1	4		5	5	
d. Andere Fusswunden . . .	38	.			38	38	
V. Unbestimmt	2	.	.	1	3	2	1
Summa . .	563	77	370	82	1092	922	170

Recapitulation.

I. Verletzungen des Kopfes.	50	5	32	10	97	85	12
II. Verletzungen des Rumpfes	91	9	31	71	202	142	60
III. Verletzungen der oberen Extremitäten.	155	13	131		299	272	27
IV. Verletzungen der unteren Extremitäten.	265	50	176	.	491	421	70
V. Unbestimmt	2	.	.	1	3	2	1
Totalsumme. . .	563	77	370	82	1092	922	170

Kirchheilingen.

Verletzungen der einzelnen Körpertheile.	Haut- und Muskel-wunden.	Knochen-Contusionen.	Knochen-Fracturen.	Eingeweide-Verletzungen.	Gesammtzahl.	Geheilt.	Gestorben.
Transport . .	189	16	65	12	282	262	20
6) des Fusses							
a. des tarsus	.	.	1		1	1	.
b. des metatarsus	.	2	2	.	4	4	.
c. der Phalangen.	.	1	1	.	2	2	.
d. Andere Fusswunden . . .	13	.	.	.	13	13	
V. Unbestimmt	.	.	.	.	.	.	.
Summa . .	202	19	69	12	302	282	20

Recapitulation.

I. Verletzungen des Kopfes .	28	2	9	3	42	39	3
II. Verletzungen des Rumpfes	31	1	7	9	48	42	6
III. Verletzungen der oberen Extremitäten	57	5	31	.	93	91	2
IV. Verletzungen der unteren Extremitäten	86	11	22		119	110	9
V. Unbestimmt	.	.	.	.	.	.	.
Totalsumme. . .	202	19	69	12	302	282	20

Langensalza.

Intercurrirende Verletzungen grösserer Gefässe:

der a. lingualis in 1 Falle,
einer a. intercostalis in 4 Fällen,
der a. radialis in 3 Fällen,
der a. interossea antibr. in 2 Fällen,
der a. brachialis in 3 Fällen,
der a. transversa perinaei in 1 Falle,
der a. femoralis in 2 Fällen,
der a. tibialis ant. in 2 Fällen,
der a. tibialis post. in 3 Fällen,
der v. jugularis ext. in 1 Falle,
der v. femoralis in 2 Fällen.

Intercurrirende Verletzungen grösserer Nerven:

des n. facialis in 2 Fällen,
des plex. brachialis in 7 Fällen,
des n. medianus in 1 Falle,
des n. radialis in 2 Fällen,
des n. ulnaris in 3 Fällen,
des plex. lumbosacralis in 1 Falle,
des n. ischiadicus in 10 Fällen,
des n. peronaeus in 2 Fällen.

Kirchheilingen.

Intercurrirende Verletzungen grösserer Gefässe:

einer a. intercostalis in 2 Fällen.

Intercurrirende Verletzungen grösserer Nerven:

des plexus brachialis in 2 Fällen,
des n. medianus in 1 Falle,
des n. ulnaris in 3 Fällen,
des n. radialis in 2 Fällen,
des n. ischiadicus in 1 Falle.

Langensalza.

Operationen.	Anzahl.	Geheilt.	Gestorben.
I. Unterbindungen	11	3	8
a. In der Wunde:			
1mal die a. radialis.			
1mal die a. transversa perinaei.			
1mal die a. interossea antibrach.			
b. Entfernte Unterbindungen:			
2mal der a. carot. comm.			
1mal der a. brach.			
5mal der a. femor.			
II. Extraction grösserer Knochensplitter:			
1) am Kopfe			
a. am Schädel	5	2	3
b. am Gesichte	5	5	.
2) am Rumpfe	4	1	3
3) an den oberen Extremitäten			
a. am Schulterblatt	5	4	1
b. am Schlüsselbein	.	.	.
c. am humerus	8	5	3
d. am radius	3	3	.
e. an der ulna	8	5	3
f. am carpus	4	4	
g. am metacarpus	2	2	
h. Fingerphalangen	6	6	
4) an den unteren Extremitäten			
a. am femur	13	3	10
b. an der tibia	26	17	9
c. an der fibula	6	5	1
d. am tarsus	6	5	1
e. am metatarsus	2	2	.
f. Zehenphalangen	2	2	.
Summa . . .	105	71	34

Kirchheilingen.

Operationen.	Anzahl.	Geheilt.
I. Unterbindungen		
II. Extraction grösserer Knochensplitter:		
1) am Kopfe		
a. am Schädel	3	1
b. am Gesichte	4	4
2) am Rumpfe	.	
3) an den oberen Extremitäten		
a. am Schulterblatt.	1	1
b. am Schlüsselbein	.	.
c. am humerus	1	1
d. am radius	1	1
e. an der ulna	2	2
f. am carpus	2	2
g. am metacarpus	2	2
h. Fingerphalangen	4	4
4) an den unteren Extremitäten		
a. am Oberschenkel	2	.
b. an der tibia	2	1
c. an der fibula	.	.
d. am tarsus	1	1
e. am metatarsus	.	.
f. Zehenphalangen	1	1

Langensalza.

Operationen.	Anzahl.	Geheilt.	Gestorben.
III. Resectionen:			
1) in der Contiguität			
a. am Elnbogengelenke	21 *	16	4
b. am Schultergelenke	3	3	.
c. am Hüftgelenke	1		1
d. am Kniegelenke	.	.	.
e. am Tibiotarsalgelenke	1	1	.
2) in der Continuität	.	.	.
Summa	26	20	5
IV. Amputationen:			
1) Primäre			
a. an der Hand	5	5	.
b. am Vorderarm	1	1	.
c. am Oberarm	6	5	1
d. am Oberschenkel	19	13	6
e. am Unterschenkel	10 **	5	4
Summa	41	29	11
2) Secundäre			
a. an der Hand	2	2	
b. am Oberarm	1	1	.
c. am Oberschenkel	21	6	15
d. am Unterschenkel	7	3	4
Summa	31	12	19
V. Exarticulationen:			
1) an den Fingern	2	2	.
2) am Handgelenke	.	.	.
3) am Schultergelenke	1	.	1
4) am Tibiotarsalgelenke	.	.	
5) am Fusswurzelgelenk	1	1	.
Summa	4	3	1
VI. Eröffnungen von Gelenken	1	.	1

* 1 Mal nachträgliche Amputation des Oberarms. — ** 1 Doppelamputation.

Kirchheilingen.

Operationen.	Anzahl.	Geheilt.
III. Resectionen:		
1) in der Contiguität		
a. am Elnbogengelenke	4*	3
b. am Schultergelenke	.	
c. am Hüftgelenk	.	
d. am Kniegelenk	.	
e. am Sprunggelenke	.	
2) in der Continuität	.	.
Summa . . .	4	3
IV. Amputationen:		
1) Primäre		
a. an der Hand	3	3
b. am Vorderarm	.	.
c. am Oberarm	3	3
d. am Oberschenkel	9	8
e. am Unterschenkel	2**	.
Summa . . .	17	14
2) Secundäre		
a. am Oberschenkel	1	.
b. am Unterschenkel	1	1
Summa . . .	2	1
V. Exarticulationen:		
1) an den Fingern	2	2
2) am Handgelenk		
3) am Schultergelenk.		
4) am Sprunggelenk	.	
5) am Fussgelenke.	.	.
Summa . . .	2	2

* 1 Mal nachträgliche Amputation humer. — ** 1 Doppelamputation.

Langensalza.

Todesfälle.	Anzahl der Verwundeten am Tage der Schlacht.	Anzahl der Gestorbenen.
1) In Kirchheilingen	308	20
2) In Merxleben, der Rasenmühle und Gräsers Fabrik	103	13
3) Im Schwefelbade	97	30
4) Im Garnisonlazareth	64	10
5) In der Hofmeierei, dem städtischen Krankenhause, dem Siechenhofe und in Privatquartieren	99	11
6) Auf dem Schulberge	95	6
7) In der Realschule	101	12
8) Im Reinhardsbrunnerhofe	118	15
9) Im Café français	107	12
10) Im blauen Hause	91	9
11) Im Café Heinemann	161	32
Summa . . .	*1344	170
Es sind gestorben:		
1) An Pyämie	.	75
2) „ Gangrän	.	7
3) „ Trismus und Tetanus	.	12
4) „ Typhus	.	1
5) „ anderen Todesursachen	.	75
Summa . . .	.	170

*) Die Zahl der am Tage der Schlacht in die Hospitäler aufgenommenen 1344 Verwundete verminderte sich gleich nach der Schlacht um 200 leicht verwundete Preussen und 52 Hannoveraner. Dadurch verminderte sich die Zahl der Verwundeten auf die in den Tabellen aufgeführten 1092. Nachdem die Eisenbahnen wieder frei geworden waren, wurden sofort grössere Evacuationen vorgenommen, so dass am 8. Juli die Zahl der Verwundeten nur noch 764 betrug. Am 1. August hatte sich die Zahl der Verwundeten schon auf 338 vermindert und war am 1. September auf 183 heruntergegangen.

Kirchheilingen.

Todesfälle.	Anzahl der Verwundeten am Tage der Schlacht	Anzahl der Gestorbenen.
1) Schussfractur des Schädels	308	3
2) Penetrirende Brustwunden		4
3) Penetrirende Bauchwunden		1
4) Beckenfractur		1
5) Fractur des humerus		1
6) Fleischwunde des humerus		1
7) Fractur des femur		2
8) Fleischwunde des Oberschenkels		1
9) Primäre Amputation des Oberschenkels		1
10) Secundäre Amputation des Oberschenkels		1
11) Fractur der tibia		1
12) Fractur beider Knochen des Unterschenkels		2
13) Verletzung des Sprunggelenks		1
Summa	308	20
Es sind gestorben:		
1) An Pyämie		9
2) „ Gangrän		1
3) „ Trismus		1
4) „ anderen Todesursachen		9
Summa	.	20

Verzeichniss der Gestorbenen

nach den Todestagen.

Krankheit oder Verletzung.	Zahl.	Gestorben.
Typhus	1	Am 78. Tage.
Trismus . .	1	Am 7. Tage.
	2	„ 8. „
	2	„ 9. „
	1	„ 11. „
	2	„ 12. „
	1	„ 15. „
	1	„ 18. „
	1	„ 23. „
	1	unbestimmt.
Schussfractur des Schädels . . .	1	Am 5. Tage.
	2	„ 11. „
	1	„ 14. „
	1	„ 19. „
	1	„ 37. „
Schädelfractur, Säbelhieb . . .	1	Am 17. Tage.
Schuss in das Gehirn	1	Am 9. Tage.
	1	„ 11. „
	1	„ 24. „
Schussfractur des Oberkiefers . .	1	Am 11. Tage.
Halsschuss . . .	1	Am 19. Tage.
	1	„ 30. „
Schussfractur der Halswirbel . . .	1	Am 7. Tage.
Latus . .	27	

Krankheit oder Verletzung.	Zahl.	Gestorben.
Transport . . .	27	
Schussfractur der Rückenwirbel . .	2	Am 12. Tage.
	1	„ 15. „
	1	„ 16. „
Schussfractur der Lendenwirbel . .	1	Am 8. Tage.
Rippenschuss-Fractur	1	Am 3. Tage.
	2	„ 4. „
	1	„ 5. „
	2	„ 6. „
	2	„ 10. „
	1	„ 14. „
	1	„ 16. „
	1	„ 20. „
	1	„ 23. „
	1	„ 33. „
	1	„ 35. „
	1	„ 45. „
Penetrirende Brustwunde	1	Am 2. Tage.
	1	„ 3. „
	1	„ 4. „
	2	„ 6. „
	2	„ 7. „
	1	„ 9. „
	1	„ 10. „
	2	„ 11. „
	1	„ 13. „
	2	„ 14. „
	2	„ 15. „
	2	„ 20. „
	1	„ 26. „
	1	„ 28. „
Latus . . .	67	

Krankheit oder Verletzung.	Zahl.	Gestorben.
Transport . . .	67	
Penetrirende Bauchwunde	1	Am 3. Tage.
	1	„ 6. „
Thorax-Leberschuss	1	Am 96. Tage.
Mastdarmwunde .	1	Am 17. Tage.
Blasenwunde . . .	1	Am 13. Tage.
Beckenschuss-Fractur	1	Am 10. Tage.
	1	„ 11. „
	1	„ 14. „
	1	„ 16. „
	1	„ 18. „
	1	„ 19. „
	1	„ 22. „
	1	„ 30. „
	1	„ 35. „
	1	„ 50. „
	1	„ 68. „
	1	„ 116. „
Beckenschuss mit Blasenwunde . .	1	Am 6. Tage.
Schussfractur des Schulterblatts. .	1	Am 9. Tage.
	2	„ 26. „
Schussfractur des Schultergelenks .	1	Unbestimmt.
Schussfractur der Schulter durch Granate	1	Am 30. Tage.
Latus . . .	90	

Krankheit oder Verletzung.	Zahl.	Gestorben.
Transport . . .	90	
Fleischschuss der Schulter	1	Am 22. Tage.
	1	„ 27. „
Exarticulatio humeri	1	Am 25. Tage.
Schussfractur des humerus	1	Am 19. Tage.
	1	„ 20. „
	1	„ 26. „
	1	„ 27. „
	1	„ 28. „
	1	„ 29. „
	1	„ 49. „
Amputation des humerus	1	Am 32. Tage.
Unterbindung der brachialis . . .	1	Am 24. Tage.
Resection des Elnbogengelenks . .	1	Am 25. Tage.
	1	„ 26. „
	1	„ 36. „
	1	„ 70. „
Schussfractur der Ulna	1	Am 32. Tage.
	1	„ 43. „
Schussfractur des Hüftgelenks . .	1	Am 20. Tage.
	1	„ 22. „
	1	„ 52. „
	1	„ 116. „
Schussfactur des femur	1	Am 5. Tage.
	1	„ 11. „
	1	„ 21. „
Latus . . .	115	

Krankheit oder Verletzung.	Zahl.	Gestorben.
Transport . . .	115	
Schussfractur des femur	1	Am 26. Tage.
	1	„ 28. „
	1	„ 29. „
	1	„ 37. „
	1	„ 40. „
	1	„ 41. „
	1	„ 46. „
	1	„ 64. „
	1	„ 68. „
	1	„ 80. „
	1	„ 114. „
Fleischwunde des femur	1	Am 10. Tage.
	1	„ 17. „
	2	„ 33. „
Primäre Amputation des femur . . .	1	Am 9. Tage.
	1	„ 28. „
	1	„ 29. „
	1	„ 38. „
Secundäre Amputation des femur .	1	Am 10. Tage.
	1	„ 13. „
	1	„ 22. „
	1	„ 27. „
	2	„ 29. „
	1	„ 31. „
	1	„ 33. „
	1	„ 39. „
	1	„ 41. „
	1	„ 48. „
	2	„ 49. „
	1	„ 58. „
Latus . . .	148	

Krankheit oder Verletzung.	Zahl.	Gestorben.
Transport . . .	148	
Unterbindung der femoralis . . .	1	Am 6. Tage.
	1	„ 29. „
Schussfractur des Kniegelenks . .	1	Am 25. Tage.
	1	„ 35. „
	1	„ 43. „
	1	„ 45. „
	1	„ 65. „
Schussfractur beider Knochen des Unterschenkels .	1	Am 7. Tage.
	1	„ 21. „
	2	„ 29. „
	1	„ 39. „
	1	„ 41. „
Schussfractur der tibia	1	Am 15. Tage.
	1	„ 47. „
Schussfractur der fibula. . .	1	Am 11. Tage
	1	„ 34. „
	1	„ 35. „
Secundäre Amputation des Unterschenkels . . .	1	Am 33. Tage.
Schussfractur des Fussgelenks . .	1	Am 13. Tage
	1	„ 51. „
Schussfractur des Fusses .	1	Am 23. Tage.
Summa . . .	170	

Verzeichniss

der

invaliden Unterofficiere und Soldaten der früheren Hannoverschen Armee.

Gesammtzahl 580. {
Davon sind zur lebenslänglichen Pension vorgeschlagen 132.
Zur Pension auf 1—3 Jahre . . . . 367.
Zur einmaligen Unterstützung empfohlen . . . . 81.

Bezeichnung.	Unterofficiere und Soldaten		Total.
	rechts.	links.	
Schädelverletzungen	7	8	15
Verlust eines Auges	2	1	3
Verletzungen des Gesichts, des Oberkiefers und Unterkiefers	8	9	17
Verletzungen des Halses	4	2	6
Verletzungen des Kehlkopfs und der Luftröhre . . .	1	.	1
Verletzungen des Thorax, des Schlüsselbeins, des Schulterblatts, des Rückens, der Rippen, des Brustfells und der Lungen	14	18	32
Verletzungen des Unterleibs	3	1	4
Verletzungen der Leber und der Lunge	2		2
Verletzungen der Harnwege, Pars prostatica und Pars membranacea	1	.	1
Verletzungen des Beckens	7	5	12
Resection des Schultergelenks	1	2	3
Amputation des Oberarms	3	1	4
Schussfracturen und andere Verletzungen des Oberarms	37	20	57
Resection des Elnbogengelenks	6	5	11
Verletzungen des Elnbogengelenks.	4	1	5
Schussfracturen und andere Verletzungen des Vorderarms und der Hand.	30	32	62
Amputation des Oberschenkels	5	9	14
Schussfractur des Oberschenkels mit vollkommener Continuitätstrennung	4	5	9
Latus . . .	139	119	258

Bezeichnung.	Unterofficiere und Soldaten rechts.	Unterofficiere und Soldaten links.	Total.
Transport . . .	139	119	258
Andere Verletzungen des Oberschenkels und des Gesässes mit Einschluss leichterer Knochenverletzungen	32	48	80
Verletzungen des Kniegelenks	8	9	17
Amputation des Unterschenkels	1	7	8
Schussfractur des Unterschenkels, der Tibia allein oder beider Knochen	10	11	21
Andere Verletzungen des Unterschenkels mit Einschluss leichterer Knochenverletzungen	26	28	54
Schussfracturen und andere Verletzungen des Fussgelenks und des Fusses	12	21	33
Leichte Verletzungen, ohne Pensionsvorschlag . . .	.	.	109
Summa . . .	228	243	580

Vergleichende
über Exarticulationen, Amputationen,
Schleswig-Holstein 1848, 1849 und 1850.

	Zahl der Fälle.	Exarticulationen.		Amputationen.		Resectionen.		Expectative Behandlung.		Total.	
		Geheilt.	Gestorben.	Geheilt.	Gestorben.	Geheilt.	Gestorben.	Geheilt.	Gestorben.	Geheilt.	Gestorben.
Schultergelenkschüsse	37	7	3	.	.	12	7	3	5	22	15
Schussfractur des Humerus	92		.	35	19	5	4	24	5	64	28
Schussfractur des Elnbogengelenks . . .	44		.	.	.	36	5	3	.	39	5
Schussfracturen des Vorderarms und des Handgelenks . . .	74	1	1	12	2	7	.	49	2	69	5
Fingerschüsse . . .	49	.	.	16	.	.	.	32	1	48	1
Hüftgelenkschüsse . .	13	1	6	.		.	1		5	1	12
Schussfracturen des femur und des Kniegelenks	184		.	51	77	.	4	19	33	70	114
Schussfracturen der tibia, der fibula und des Fussgelenks . .	138	.		28	18	6	7	68	11	102	36
Schussfracturen des Fusses	25	2	1	2	2	.	.	16	2	20	5
Summa . .	656	11	11	144	118	66	28	214	64	435	221
		378 Operationen auf 656 Fälle ergiebt 57 %.								Mortalität 33 %.	

Das Mortalitätsverhältniss der Amputirten und Exarticulirten (284 Operationen mit 129 Todesfällen) beträgt 45 %.

Das Verhältniss der mit Verstümmelung (Amputationen und Exarticulationen) Geheilten zu der Gesammtzahl der Geheilten (155 zu 435) beträgt 36 %.

Tabellen

Resectionen und expectative Chirurgie in Langensalza 1866.

	Zahl der Fälle.	Exarticulationen.		Amputationen.		Resectionen.		Expectative Behandlung.		Total.	
		Geheilt.	Gestorben.	Geheilt.	Gestorben.	Geheilt.	Gestorben.	Geheilt.	Gestorben.	Geheilt.	Gestorben.
Schultergelenkschüsse	7	.	.		.	3	.	1	3	4	3
Schussfractur des Humerus	30	.	1	6	1	.	.	14	8	20	10
Schussfractur des Elnbogengelenks . . .	22	.	.	.		17	4	1	.	18	4
Schussfracturen des Vorderarms und des Handgelenks . . .	31	.		1	.	.	.	26	4	27	4
Fingerschüsse . . .	31	2	.	5	.	.	.	24	.	31	.
Hüftgelenkschüsse . .	4	.	.	.	.		1	.	3	.	4
Schussfracturen des femur und des Kniegelenks	78	.		19	21	.	.	28	10	47	31
Schussfracturen der tibia, der fibula und des Fussgelenks . .	84		.	8	8	.	.	51	17	59	25
Schussfracturen des Fusses	38	1	.	.	.	.	.	33	4	34	4
Summa . .	325	3	1	39	30	20	5	178	49	240	85
		98 Operationen auf 325 Fälle ergiebt 30 %.								Mortalität 26 %.	

Das Mortalitätsverhältniss der Amputirten und Exarticulirten (73 Operationen mit 31 Todesfällen) beträgt 42 %.

Das Verhältniss der mit Verstümmelung (Amputationen und Exarticulationen) Geheilten zu der Gesammtzahl der Geheilten (42 zu 240) beträgt 18 %.

Es wurden also in Langensalza bei einer im Ganzen um 7 % geringeren Mortalität, die doppelte Anzahl von Gliedern erhalten, als unter den Verhältnissen in Schleswig-Holstein, bei grösseren Projectilen, weiteren Transporten etc. möglich gewesen ist.

Bemerkungen.

Die im Vorstehenden mitgetheilten Tabellen würden auch ohne weitere Bemerkungen für sich selber reden. Ein erfahrener Militairarzt würde daraus ungefähr entnehmen können, wie die Verhältnisse gewesen sind. Da es aber die Aufgabe der Heilkunst ist, dieselben so günstig wie möglich zu gestalten, so verdienen die Versuche dazu besonders hervorgehoben zu werden.

Die Resultate, welche ich in meinen Maximen der Kriegsheilkunst aus 3 schleswig-holsteinschen Feldzügen von 1848, 1849 und 1850 mitgetheilt habe, erschienen mir theilweise sehr ungenügend, theilweise schlecht, nach dem was ich gehofft hatte. Es zeigte sich in späteren Kriegen, dass die Erfolge noch weniger erfreulich waren und meine Tabellen erregten ein grösseres Interesse als ich erwartet hatte. Ich habe deshalb die Gelegenheit nicht versäumen wollen, noch einmal einen Rechenschaftsbericht dieser Art mitzutheilen, welcher Gelegenheit zu Vergleichen darbietet, die ich selbst vorzugsweise mit den schleswig-holsteinschen Resultaten angestellt habe, weil diese mir am genauesten bekannt sind und weil dadurch eine gewisse historische Continuität möglich wird. Es scheint mir gerade für die Militairchirurgie wichtig, dass Grundsätze, welche sich als nützlich bewährt haben, nicht des blossen Versuchs halber bei Seite geworfen werden. Der Militairarzt, welcher in wenigen Stunden und Tagen hunderte der wichtigsten Entschlüsse zu fassen hat, darf sich nicht irre machen lassen durch die Rathschläge phantasiereicher Schriftsteller, die, wenn man nach ihren Tabellen frägt, unglücklicher Weise, wie Neudörffer in Schleswig, mit Leuten umgeben waren, die des Schreibens unkundig waren, oder ihre mexicanischen Papiere erst mit dem nächten Schiffe erwarten. In Zukunft sollte es heissen: ohne Statistik keine Schriften über Militairchirurgie. Wer nicht in der Lage ist, diese zu geben, wenn auch nur in Episoden, der sollte nicht gehört werden. Der Ehrgeiz allein könnte dahin führen, dies anzuerkennen. Schriften über Kriegschirurgie mit zuverlässigen statistischen Angaben werden immer einen gewissen historischen Werth behalten, indem sie die Culturzustände ihrer Zeit abspiegeln und die Resultate der chirurgischen Grundsätze aufbewahren, wonach diese schliesslich beibehalten, oder verworfen werden müssen. Opinionum commenta delet dies. Man mag sich noch so sehr abmühen, eine Zukunftschirurgie in die Welt zu setzen, bei der alle früheren Grundsätze auf den Kopf gestellt werden. Die Erfahrung ist eine gute Mutter, sie legt das Kind doch immer wieder mit dem Kopfe nach oben und verlässt sich bei ihrem Verfahren auf die Statistik aller Mütter von Evas Zeiten her.

Die Thätigkeit der Aerzte und der Sanitätscompagnie auf dem Schlachtfelde.

Die hannoverschen Militairärzte folgten mit grosser Unerschrockenheit den kämpfenden Truppen ins Feuer, viele von ihnen wurden für ihre Bravour decorirt. Diejenigen Aerzte, deren Truppentheile nicht engagirt waren, betheiligten sich auf den Verbandplätzen der Sanitätscompagnie. Es war jeder der 4 Brigaden ein Zug der Sanitätscompagnie beigegeben, bestehend aus 30 Sanitätssoldaten, 1 Arzte, 1 Officier mit 4 Krankentransportwagen und 1 Requisitenwagen für Bandagen, Instrumente und Erfrischungsmittel. Der Rest der aus 160 Mann bestehenden Compagnie blieb beim Stabe derselben und half den Aerzten in Kirchheilingen in der Aufnahme und Besorgung von Verwundeten.

Dreizehn Jahre lang war die Sanitätscompagnie eingeübt durch alljährliche einen Monat dauernde Concentrirungen. Diese hatten das Interesse für die Compagnie allgemein verbreitet und grosse Erwartungen rege gemacht. Ich hoffe, dass sie erfüllt worden sind an dem einen Tage, wo es der Compagnie vergönnt war, sich auf dem Schlachtfelde zu zeigen. Es ging alles mit grosser Ruhe und Kaltblütigkeit vor sich, so dass selbst Listen der Verbundenen und Transportirten geführt werden konnten. Die nach Kirchheilingen gelangten Verwundeten waren sämmtlich von den Verbandplätzen der Sanitätscompagnie gekommen.

Grössere Operationen wurden auf dem Schlachtfelde nicht gemacht, mit Ausnahme einer Unterbindung der durchschossenen femoralis, welche dicht hinter dem Gefechte von dem Oberarzte des 6. Infanterieregiments ausgeführt wurde, unter Beihülfe eines Assistenzarztes desselben Regiments. Der gute Erfolg der primären Operationen zu Kirchheilingen scheint zu beweisen, dass, mit Ausnahme solcher vitalen Indicationen, das Operiren auf dem Schlachtfelde nicht nöthig ist und kaum wünschenswerth, weil die Aufmerksamkeit der Aerzte doch im Allgemeinen mehr der baldigen Fortschaffung der Verwundeten zugewendet sein soll.

Hospitäler, Zelte und Baracken.

Wir haben den Nordamerikanern zu danken für eine frischere Luftströmung in den Kriegshospitälern der neuesten Zeit. Es ist ein stolzes neidenswerthes Wort, welches die Reports Pag. 152 über Hospitalorganisation aussprechen durften: Noch niemals wurden Kriegshospitäler so wenig überfüllt oder so reichlich ausgestattet.

Warum dies in einem so jungen Staate möglich wurde, wird leicht begreiflich durch den Nachsatz: Sie unterscheiden sich von den Hospitälern anderer Nationen darin, dass sie unter der Direction von Aerzten standen. Der junge Staat hatte eben keinen alten Weichselzopf abzuschneiden, eine Operation, die bekanntlich für sehr gefährlich gehalten wird. Die Einsicht hilft nur wenig, wenn die Mittel fehlen, sie zur Geltung zu bringen. Glücklicher Weise war ich, ungeachtet meiner bloss consultativen Stellung, in den Stand gesetzt, etwas für die Hospitalhygiene zu thun. Es waren mir von verschiedenen Seiten gegen 4000 Thlr. zur Verfügung gestellt, von denen ich schliesslich dem Centralcomité 1000 Thlr. zurückgeben konnte. Ich schaffte dafür Alles an, was gerade am dringendsten nöthig war und machte mit dem Bau von Baracken gleich nach der Schlacht den Anfang. Gegenüber den grossartigen Leistungen der Nordamerikaner ist es fast lächerlich, von den Miniaturversuchen in Langensalza zu reden, die für uns aber ein gleich grosses Interesse hatten, als wenn sie für Tausende, statt für Hunderte dienten. Es handelt sich doch vorzugsweise darum anzufangen und nichts zu verschieben, was im Interesse der Luftverbesserung der Kriegshospitäler nur irgend geschehen kann und das Vorurtheil zu überwinden, als könnten Verwundete zweckmässiger Weise nur in festen Häusern untergebracht werden. Dem von Nordamerika ausgehenden Impulse ist es doch wohl zuzuschreiben, dass man bei uns in den letzten Jahren angefangen hat, Zelte in Friedenshospitälern zu benutzen. Ich liess schon vor mehreren Jahren ein Paar hannoversche Hospitalzelte neben dem Generalhospitale aufschlagen. Sie waren nach neuen englischen Vorbildern construirt, aber so unzweckmässig, dass ich fast gar keinen Gebrauch davon machen konnte. Im Sommer 1865 machte ich eigens eine Reise nach Kiel, um die Wirkung der nach dem Muster der Königlich Preussischen Hospitalzelte eingerichteten klinischen Zelte kennen zu lernen, von denen jedes 12 Betten enthielt. Der Dirigent der inneren. Klinik, Professor Bartels, benutzte das eine für die Syphilitischen, welche darin, bei Mercur und frischer Luft, allen früheren Vorurtheilen zum Trotz, sehr gut gediehen. Professor Esmarch benutzte das andere für chirurgische Fälle. Ich fand, dass diese Zelte kaum der Verbesserung fähig sind, dachte mir aber doch gleich, Baracken würden vorzuziehen sein, wenn man sie haben könnte und entschied mich deshalb gleich für Baracken, als ich in Langensalza Gelegenheit fand, wählen zu müssen.

Zelte haben im Kriege freilich die grosse Annehmlichkeit, dass man sie in der kürzesten Zeit aufschlagen und abschlagen, dass man sie transportiren kann. Wo es sich aber um mehrmonatlichen Gebrauch solcher luftigen Wohnungen handelt, kommt dieser Vorzug nicht in Betracht. Baracken haben aber vor Zelten folgende Vorzüge:

Die Ventilation lässt sich darin besser einrichten und beherrschen, als in Zelten. In einem zum raschen Aufschlagen und Abschlagen bestimmten Zelte lässt sich nicht gut im Giebel eine hinreichende Oeffnung anbringen, ohne die nöthige Einfachheit der Construction zu gefährden. In einer Baracke kann man längs des ganzen Giebels eine Fuss breite Oeffnung lassen, welche durch ein darüber befindliches Wetterdach gedeckt ist und für die beständige Lufterneuerung das Meiste leistet. In einer Baracke kann man ganz nach Belieben Oeffnungen anlegen, um Luft und Licht einzulassen, bei einem Zelte ist man, wenn die Eingangs- und Ausgangsöffnungen nicht genügen, vorzugsweise darauf angewiesen, durch Erheben der Zeltwände vom Boden, Luft und Licht einzulassen. Bei schönem Wetter geht dies sehr gut, aber bei schlechtem Wetter sieht man sich genöthigt die Eingänge zu schliessen und die Seitenwände ganz herabzulassen, dann macht sich der Mangel der Giebelöffnung sehr bemerklich und die Luft ist in dem Zelte schlechter als in einem Hause.

Für ein Zelt ist es schwieriger, einen passenden Platz zu finden als für eine Baracke. Das Zelt muss den Luftströmungen von allen Seiten zugängig sein, passt deshalb nicht in der Nähe von Häusern oder in einem von Mauern oder Hecken eingeschlossenen

Garten. Bringt man Zelte an erhabenen Stellen an, so werden sie wohl vom Sturme umgerissen, ihre Wände rauschen im Winde und, wenn sie vom Regen durchnässt sind, so frieren die Kranken bei der eintretenden raschen Wasserverdunstung.

Es giebt übrigens ein Mittelding zwischen Zelten und Baracken, welches für gewisse Fälle sehr zu empfehlen sein dürfte. Man lässt zunächst das Gerüst einer Baracke von leichtem Holzwerke herrichten und überzieht dieses, anstatt mit Brettern, mit Segeltuch. Balken und Sparrwerke findet man leichter als die Bretter, welche weniger transportabel sind, als die an ihre Stelle zu setzenden Gewebe. Von dieser Art waren die in Kirchheilingen für Amputirte und andere Schwerverwundete verwendeten Zelte, welche für wenige Thaler monatlich aus benachbarten Ortschaften gemiethet wurden. Sie hatten früher als Tanzzelte bei Freischiessen gedient. Sie waren angenehmer zu bewohnen, als die Königlich Preussischen Hospitalzelte. Bei diesen convergiren die Wände bald vom Boden gegen den First, während in den Zeltbuden die Wände senkrecht ungefähr 10 Fuss aufsteigen, ehe sie in das Dach übergehen.

Die in Langensalza von mir gebauten Baracken habe ich abbilden lassen, um anderen die Mühe zu ersparen, darüber nachzudenken, wie sie wohl unter ähnlichen Umständen, in der gleichen Jahreszeit, einzurichten sein möchten. Ich war dabei, im Drange der Umstände, ganz auf meine eigene Phantasie angewiesen und kannte nur die Barackenbauten der Engländer in der Krimm, aus dem interessanten Blaubuche: Report of the proceedings of the sanitary commission despatched to the seat of the war in the east. 1855--1856. Dasselbe enthält sehr instructive Abbildungen von Baracken, welche aber mehr für die schlechte Jahreszeit bestimmt und mehr wie Häuser construirt waren. Für die Bedürfnisse in Langensalza, welche eine 2—3monatliche Benutzung im Juli, August und September erwarten liessen, schienen mir zeltähnliche Baracken vorzuziehen and so entstanden aus meinen und des Zimmermeisters Walter Ueberlegungen die luftigen Gebäude, welche den Namen Zeltbaracken zu verdienen scheinen. Barackenzelte könnte man die eben erwähnten Buden nennen, denen man das Skelett einer Baracke gegeben hat.

Eine Hauptfrage bei Errichtung der Baracken schien mir die Lage der die Fenster vertretenden Oeffnungen zu sein. Der Wunsch, die liebe Sonne hineinscheinen zu lassen, hätte dafür sprechen müssen, dieselben an die Südseite zu verlegen, mit Rücksicht auf die Ventilation aber entschied ich mich für die Nordseite, den Principien entsprechend, über die ich mich in den Maximen der Kriegsheilkunst II. edit. Pag. 10 ausgesprochen habe. Ungeachtet der Sommer und Herbst viel kühler ausfielen als der heisse Juni erwarten liess, hatte ich diese Einrichtung nicht zu bereuen. Sie wurde auch beibehalten für eine dritte grosse Baracke für 24 bis 30 Betten, welche die Ritter später bauen liessen.

Eine zweite Hauptfrage ist die der Fussböden. Man kann diese ganz entbehren, aber nur auf Kosten der Sauberkeit. Ich liess die Erde Fuss tief ausgraben und durch Steinkohlenschlacken ersetzen, welche zugleich das Aufsteigen der Erdfeuchtigkeit verhinderten und desinficirend wirken konnten auf die durch den Fussboden etwa dahin gelangenden Unreinigkeiten. Zwischen dieser Unterlage von Steinkohlenschlacken und dem Fussboden blieb ein freier Raum für den Zutritt der Luft.

Die Solidität der Fussböden verdient besonderer Aufmerksamkeit, dieselben müssen gut auf Lager ruhen, damit sie keinen grossen Schwankungen unterliegen, welche den an Schussfracturen Leidenden gefährlich sind. Zimmermeister Walter, welcher die 3 ersten Baracken baute, hatte in dieser Beziehung das Richtige getroffen. Nicht so glücklich war ein anderer Zimmermeister gewesen, welcher im Auftrage der Lazarethcommission 2 Halbbaracken, kegelbahnähnliche Buden, gebaut hatte. In diesen fand ich Gelegenheit, die Gefahren eines schwankenden Fussbodens kennen zu lernen. Ich wurde consultirt wegen zweier Fälle von Schussfracturen beider Unterschenkelknochen, welche früher in Merxleben einen guten Verlauf genommen, aber seit ihrer Verlegung in diese Baracken sich so verschlimmert hatten, dass die Amputation unvermeidlich wurde. Sie wurden dadurch dem Leben erhalten. Ein dritter, ganz ähnlicher, aber nicht ganz so schlimmer Fall, wurde durch Verlegung auf terra firma in einen Saal, mit Erhaltung des Gliedes beendigt, ich besorgte aber 4 Wochen lang selbst den täglichen Verband. Während ich bei dem einen der der Amputation verfallenen, die in der weiten Wunde freiliegenden Fragmente betrachtete, bemerkte ich, dass dieselben sich fortwährend in einer feinen vibrirenden Bewegung befanden, auch wenn Niemand in der Baracke sich von seinem Platze bewegte. Die der ganzen Boutique mitgetheilten Bewegungen mussten also sehr lange darin fortzittern.

Diese Wahrnehmung erregte meine ganze Aufmerksamkeit und ich säumte später nie, Kranke mit Schussfracturen, besonders der Unterextremitäten, an andere Stellen zu verlegen, wenn sie sich über Schwanken des Fussbodens beklagten, oder wenn mir selbst Bedenken darüber entstanden. Es giebt in Tanzböden oft einzelne

Stellen, welche mehr als andere federn und solchen Patienten gefährlich werden können. Es vermindert die Erschütterung des Fussbodens, wenn man Teppichläufer legt. In den Kieler Kliniken werden Kaffeesäcke zu diesem Zwecke, als ein billiges und dauerhaftes Material, verwendet. In meinen Baracken waren, auf den Wunsch der Diakonissen, Wachstuchläufer angebracht, welche zur Reinlichkeit wesentlich beitragen, aber die Erschütterung nicht vermindern.

Das Dach der Baracken war mit Steinpappe gedeckt, welche sich unentbehrlich zeigte. Bei grösserer Sommerhitze würden wir die schwarze Steinpappe mit Kalk weiss getüncht haben, es war aber nicht erforderlich.

Die Kosten meiner beiden Baracken beliefen sich, bei Zurückgabe des Holzes, auf 294 Thlr. 26 Sgr. und mit Hinzurechnung der Kosten für Vorhänge, Marquisen, Portieren und Wachstuchteppich auf 584 Thlr. Dies beträgt für jedes der 36 Betten, welche darin Platz hatten, 16 Thlr. 7 Sgr.

Baracken im blauen Hause.
Länge beider 87 Fuss, Breite 20 Fuss, Höhe 15 Fuss.

Unsere Zelte, Baracken und Halbbaracken, mit Einschluss einiger Kegelbahnen, welche sich durch ungewöhnliche Breite und gute Lage für Kranke eigneten, boten Platz für 150 Betten. Die Kranken liebten den Aufenthalt in denselben sehr und zogen ihn den in Häusern vor. Bis zum 7. October blieben die besten Baracken bewohnt, obgleich es an Raum in Häusern längst nicht fehlte.

Es war in der That wunderbar, wie gut die Kranken sowohl als auch die Krankenwärter den Aufenthalt in diesen luftigen Wohnungen vertrugen. Es schien mir fast, als ob es gar nicht die Bestimmung der Menschen sei, den Sommer über in festen Häusern zu wohnen. Verwundete jeder Art wurden in den Baracken untergebracht und es stellte sich für keine Kategorie derselben heraus, dass sie nicht dafür passe. Ich erinnere mich nur eines durch den Hals geschossenen Patienten, der längere Zeit an Durchfall litt, in das Haus verlegt zu haben, wo seine Durchfälle aufhörten. Er liess sich dann wieder in die Baracke verlegen. Obgleich nur ein kleiner Theil unserer Patienten in den Baracken Platz hatten, so übten diese doch einen wesentlichen Einfluss auf die Salubrität aus, indem sie die schwersten und am stärksten eiternden Kranken aufnahmen.

Für Sterbende wurden besondere Localitäten ausgemittelt. Im Hospitale des Café Heinemann diente dazu ein schönes Hospitalzelt, welches aber bei der Stellung, die man demselben in dem eingeschlossenen Garten geben konnte, nicht gut genug ventilirt war, um dasselbe für andere Zwecke zu verwenden.

Für die Salubrität unserer Anstalten in und um Langensalza scheint Folgendes zu sprechen.

1) Der günstige Verlauf vieler schweren Wunden und die lange Lebensdauer bei unheilbar Verletzten. Es kamen z. B. zwei ganz gleiche Fälle in verschiedenen Hospitälern vor, in denen das Darmbein zertrümmert war und Sprünge bis ins Hüftgelenk führten; der eine dieser Verletzten lebte 68 Tage, der andere 4 Monate.

Knochencontusionen, selbst wenn die Kugel sich vollkommen auf dem Knochen platt geschlagen hatte, brachten nie die insidionen Markentzündungen hervor, welche in Schleswig-Holstein so oft mit acuter Pyämie tödtlich endigten, oder langwierige innere Nekrosen, unter den Zufällen der chronischen Pyämie, zur Folge hatten. Die in Langensalza nach Contusionen vorkommenden Knochenentzündungen liessen sich mit gutem Erfolge durch Blutegel bekämpfen und hatten höchstens oberflächliche Nekrosen der Corticalsubstanz zur Folge.

2) Die Immunität gegen Typhus.

Es kam bei unsern, durch Strapazen vor ihrer Verwundung sehr abgehetzten und durch Entbehrungen geschwächten 1092 Patienten nur ein Typhusfall vor bei einem am Unterschenkel Amputirten, dessen Wunde schon verheilt war, und ein zweiter bei einem Wärter. Der erstere starb, der zweite genas. Bei beiden entstand der Typhus aus derselbe Quelle, einem unentdeckt gebliebenen, ausser Gebrauch gesetzten Abtritte, welcher von einem Bretterverschlage versteckt, neben der Kegelbahn sich befand, in welcher beide Männer gelegen hatten.

3) Durch die Immunität gegen Cholera, welche in den Monaten August und September ungefähr 100 Menschen in der Stadt das Leben kostete. Während der Dauer dieser Epidemie erhielt jeder Verwundete, bei welchem keine Contraindication vorlag, 1/3 Flasche Wein und 2 Unzen eines leichten Liqueurs von frischen bitteren Orangen, welchen unser Feldapotheker bereitete.

4) Durch die Immunität gegen Hospitalbrand.

Die Wunden granulirten im Allgemeinen so gut, dass die Mittel, deren man sich sonst bedient, um den Heilungsprocess zu beschleunigen, fast überflüssig wurden.

Nach meiner Abreise von Langensalza sollte in einem grossen schönen Saale ein Fall von Hospitalbrand vorgekommen sein. Dieser betraf aber einen Patienten, bei welchem wegen parenchymatösen Blutungen aus einer Schussfractur der Fibula die Femoralis unterbunden worden war. Es trat zuletzt Brand an den Zehen auf, ganz wie bei Gangraena senilis. Bei der Section des, nach vorhergegangener Amputation Gestorbenen zeigte es sich, dass die Vena femoralis in grosser Ausdehnung durch Thrombose verschlossen war. Bei solchen Circulationsstörungen war das Auftreten von Brand hinreichend erklärt.

In einem anderen Falle, der in einer Baracke lag, hatte sich, noch während meiner Anwesenheit in Langensalza, eine unbedeutende Streifwunde der Patella in ein 2 Thaler grosses rundes Geschwür verwandelt, welches nicht heilen wollte. Rother Präcipitat brachte zuerst entschiedene Besserung und führte zur inneren Anwendung von Quecksilber, wobei rasche Heilung eintrat; der Patient leugnete hartnäckig jede syphilitische Infection. In einem anderen Falle, bei einem Officier, führte nur die rebellische Natur der Wunde zu Nachfragen über eine früher dagewesene Syphilis, welche sonst gar keine erkennbare Spuren zurückgelassen hatte.

Ungeachtet der für die Salubrität sprechenden Umstände ist die Zahl der an Pyämie Gestorbenen beträchtlich. Bei vielen der unter der Rubrik, an Pyämie gestorben, Aufgeführten, sollte es heissen, an der Schwere ihrer Verletzungen, mit hinzugetretener Pyämie gestorben. Bei Manchen könnte es heissen: hätte durch eine in den ersten Tagen eingetretene, antiphlogistische Behandlung, in specie durch eine Aderlässe, vielleicht gerettet werden können.

Wenn man freilich, wie es heut zu Tage vorkommt, nicht mehr zugeben will, dass die Rettung eines, an einer complicirten Fractur Leidenden gelegentlich von einer Aderlässe abhängen könne, so muss ich in dieser Beziehung die Segel streichen, bis einmal wieder ein anderer Wind weht. Eis wirkt vortrefflich, wenn man es hat, da es aber in den ersten Tagen fehlte, so hätte die Aderlässe oft aushelfen sollen. Dass dies nicht geschah, ist die Folge einer für den Augenblick mächtigen Zeitströmung, die man billigen kann aber nicht in allen ihren Consequenzen anzuerkennen braucht.

Es ist übrigens sehr bequem, sich aller Erwägungen über die Nothwendigkeit einer Aderlässe enthalten zu können und dabei noch das erhebende Gefühl zu haben, der Fortschrittspartei anzugehören.

Die Krankenpflege in den Hospitälern.

Die unter dem Schutze der Ritter stehenden barmherzigen Schwestern und Diakonissen leisteten auch in Langensalza die vorzüglichsten Dienste. Jedermann freuete sich über die Sauberkeit und Behaglichkeit, welche sie zu verbreiten wussten und über die unermüdliche und kluge Sorgfalt, mit welcher sie überall zu helfen suchten. Ihr Einfluss auf die Disciplin in den Hospitälern ist besonders hervorzuheben, weil man diesen wohl a priori bezweifelt hat. Die dankerfüllten Patienten hüteten sich, ihren Wohlthäterinnen Verdruss zu machen.

Nicht ganz zufrieden mit der Wirksamkeit der Schwestern zeigten sich die Sanitätssoldaten, sie waren etwas eifersüchtig darüber, dass die Schwestern sich bei den Verbänden betheiligten und den Sanitätssoldaten, wie diese sich ausdrückten, nur die Hausknechtsarbeit überliessen. Doch ging Alles, unter einigem Brummen, ganz friedlich von beiden Seiten ab. Nach meiner Ansicht sollte man im Felde die Schwestern nicht zu Verbänden anstellen, sie haben ohnehin genug zu thun und es giebt Zeiten, in denen ein Heer nicht auf die Hülfe von Schwestern rechnen kann, sondern ganz auf seine Sanitätsmannschaft angewiesen ist.

Verbände und andere chirurgische Hülfsleistungen in den Hospitälern.

Es fiel in Langensalza Niemand ein, statt der ausgezeichneten Charpie, die uns im Ueberfluss zukam, Watte zu nehmen.

Nach dem letzten dänischen Kriege waren in Kiel noch so grosse Vorräthe von Charpie und Binden vorhanden, dass man, wie Esmarch schrieb, einen 30jährigen Krieg damit hätte führen können.

Man hat also nur nöthig, wie Esmarch, die Leute darüber zu belehren, wie man Charpie bereiten und aufbewahren soll.

Eine hübsche Bereicherung des Verbandmaterials ist die Gittercharpie, die uns ebenfalls, ungeachtet ihrer schwierigen Herstellung, doch in hinreichender Menge zukam um sie fast überall anzuwenden. Sie ersetzt nicht immer, aber doch meistens das von mir empfohlene Oelventil, muss aber, was oft übersehen wird, vor ihrer Anwendung in Oel getaucht werden.

Ich liess in manchen Fällen Scultetsche Streifen in der Mitte gitterförmig ausziehen und benutzte diese bei Schussfracturen zur Lagerung, wenn die Wunde sich gerade an der Stelle befand, auf der das Glied ruhen musste. Es wurde ein Loch in das Planum inclinatum oder die Heistersche Lade gemacht und dieses Loch mit dem Gitterstreifen gedeckt, welcher mit Nadeln befestigt oft mehrere Tage bleiben konnte. Durch das Gitter träufelte dann der Eiter in ein mit Kohlenpulver gefülltes Schälchen.

Von Kohlenpulver habe ich überhaupt bei jauchenden Wunden öfter Gebrauch gemacht, als früher, theils einfach in die Wunde gestreut, theils in kleinen Beuteln von feiner Gaze eingebunden. Es ist zugleich das wirksamste und das unschädlichste aller desinficirenden Mittel, allen desinficirenden Flüssigkeiten bei weitem vorzuziehen. An das üble Aussehen der mit Kohlenstaub bedeckten Wunden muss man sich nicht kehren.

Eine wesentliche Verbesserung des chirurgischen Verbandes besteht in der Einführung des Esmarchschen Irrigators, der das Ausquetschen des Eiters und die Eiterschwämme hoffentlich für immer aus dem Felde geschlagen hat. Die Königlich Preussischen Lazarethgehülfen zeigten in dessen Gebrauche eine Gewandtheit, welche auf Jahre lange Uebung schliessen liess.

Mit Eisbeuteln der besten Qualität waren wir reichlich versehen und das Eis selbst fehlte, mit Ausnahme der ersten Tage, nur 12 Stunden während der 3 Monate, welche ich in Langensalza zubrachte.

Ein Geschenk von 1000 Luftkissen setzte uns Anfangs in Erstaunen, that aber doch sehr gute Dienste, wie man sich denken kann.

Ich hatte eigentlich nicht erwartet, dass der Gipsverband bei Schusswunden noch einmal wieder eine Rolle spielen würde, nach den übereinstimmend ungünstigen Nachrichten, über dessen Anwendung im letzten dänischen Kriege. Viele der in Langensalza anwesenden Hannoverschen Aerzte hatten in Schleswig, nach der Schlacht bei Oeversee, Neudörffers Wirksamkeit beobachtet und mir darüber berichtet. Sie waren alle sehr vorsichtig in der Anwendung des Gipses, den sie für die Zeit der vollständigen Abschwellung des verletzten Gliedes aufsparten.

Andere Aerzte machten in allen Stadien der Schussfracturen davon Gebrauch, aber mit so schlechtem Erfolge, dass der Gips, wie ich glaube, für immer seine Reputation unter den Combattanten verloren hat. Es scheint mir fast, als ob Pirogoffs Kriegschirurgie dem Gipse bei Schusswunden nochmals zu einer ephemeren Celebrität verholfen hat. In den Krankengeschichten tritt der Gips meistens in Verbindung mit dem acut purulenten Oedem auf, der Erfindung von Pirogoff, die wie ein Deus ex machina erscheint, wenn die Sache schief geht. — Dazu kamen die von dem K. K. Generalstabsarzte Kraus angeregten Ideen einer unbegrenzten retrograden Krankenzerstreuung. Man hoffte durch den Gipsverband jeden Verwundeten transportfähig machen zu können. Transeat cum ceteris! Der Gipsverband kam nach Langensalza wie ein sieggewohnter junger Held und zog ab als Halbinvalide, abgefunden mit einem Civilversorgungs-Scheine.

Den Nutzen, welchen er in der Civilpraxis, bei indirecten Knochenbrüchen uns sonst leistet, wird man ihm nicht streitig machen, es wird mir aber hoffentlich nicht wieder passiren, was ich in Langensalza erlebte, wo ich einem älteren Militairarzte ein Zeugniss auszustellen hatte, dass seine geringe Vorliebe für den Gipsverband keinen genügenden Grund abgäbe, ihn zu beseitigen.

Kopfverletzungen.

Von 46 an und in den Schädel Geschossenen sind 10 gestorben, der erste am 5. Tage, der letzte am 37. Tage. Einer lebte noch 24 Tage mit einer Kugel im Gehirn. Die Kopfverletzten wurden mit Eis und Abführungsmitteln behandelt, es wurde nicht trepanirt; Splitter wurden erst ausgezogen, nachdem sie durch Eiterung vollständig gelöst waren.

Diese Behandlungsweise ist in den europäischen Heeren jetzt mehr und mehr üblich geworden. Die Nordamerikaner haben noch trepanirt; die in den Reports von 1865 vorliegenden Materialien gestatten aber noch keine Uebersicht über die Erfolge und keine Anhaltspunkte zur Vergleichung mit denen der expectativen Behandlung. Wenn es Pag. 9 der Reports heisst, von 107 Trepanatten sind 60 gestorben und 47 geheilt und von 114 Fällen gewaltsamer Entfernung der Splitter durch Elevator und Zange 61 gestorben und 53 geheilt, so hätte diesen Fällen eine gleiche Anzahl ähnlicher Fälle mit expectativer Behandlung entgegengestellt sein müssen. Unter die Zahl der 483 expectativ behandelten Fälle wurden aber alle diejenigen aufgenommen, welche mit penetrirenden oder perforirenden Schädelwunden als nahezu hoffnungslos anzusehen sind. Man kann sich also nicht wundern, wenn von dieser Gruppe nur 20 Procent geheilt wurden. Das ist nicht, wie die Engländer sagen, fair play, für die expectative Behandlung.

Da Neudörffer kürzlich die schwersten Kopfverletzten für transportfähig erklärt hat, und es nützlich findet, dass diese sich mitunter heimlich betrinken, so muss ich hier noch anführen, dass die einzigen beiden Leute, welche nach dem Transporte in die Heimath starben, 2 anscheinend leichte Kopfverletzte gewesen sind. Beide waren mit den nach der Capitulation heimkehrenden Truppen gezogen, der eine hatte einen Haarseilschuss an der linken Schläfe und starb, nachdem er zuerst eine Kopfrose scheinbar glücklich überstanden an Menyngitis am 30. Tage. Die Section ergab, dass eine Schädelverletzung nicht vorgelegen hatte; von der fast geheilten Wunde war nur ein Bluterguss im M. temporalis zurückgeblieben. Der andere hatte von einem Pferde einen Hufschlag, rechts am Hinterhaupte bekommen und starb am 15. Tage in Hildesheim an acutem Tetanus. Bei der Section zeigte sich ein kleiner Splitterbruch an der Verbindung des Hinterhauptbeins mit dem hinteren unteren Winkel des Seitenwandbeins, ein halbzölliger Splitter der inneren Tafel hatte das Gehirn verletzt.

Verletzungen des Halses.

Es wurde 2mal der Stamm der Carotis unterbunden, wegen Blutung ihrer Aeste am Halse, beide Male ohne Lebensrettung, doch wurde der Tod in einem Falle 3 Wochen lang dadurch verzögert.

Verletzungen des Schlüsselbeins.

In einem Falle bei einem Officier war das rechte Schlüsselbein zertrümmert, das Cavum pleurae geöffnet und der Plexus brachialis gequetscht. In der ersten Zeit machten die Brustzufälle die grösste Noth, später die excentrischen Schmerzen und die Halblähmung des Arms durch Quetschung der Nerven entstanden. In diesem, wie in allen ähnlichen Fällen von Parese des Arms durch Nervenquetschung über dem Schlüsselbein verlor sich die Lähmung, während die Lähmungen durch Nervenverletzungen unterhalb des

Schlüsselbeins grossen Theils permanent waren. Splitter des Schlüsselbeins wie des Schulterblatts wurden erst nach vollständiger Lösung extrahirt, der Arm in einer Mitella befestigt und eine Eisblase angewendet.

Verletzungen des Thorax.

Von 10 Rippenschussfracturen nur 1 Todesfall von 47 penetrirenden Thoraxwunden nur 16 Geheilte. Der früheste Todesfall nach diesen Verletzungen trat am 2. Tage ein, der späteste am 28. Tage.

Unter den geheilten perforirenden Brustschüssen waren mehrere ausgezeichnet durch die Grösse des Segments, so dass z. B. die Kugel in der Nähe der Brustwarze eingedrungen und in geringer Entfernung von der Wirbelsäule wieder ausgetreten war und wo das pleuritische Exsudat aus beiden Oeffnungen floss.

In 2 Fällen heilte die Kugel im Thorax ein; in dem einen war sie durch den linken Deltoides eingedrungen und hatte sich im Thorax verloren, wo sie Empyem hervorbrachte. In dem anderen war der Verletzte im Liegen getroffen worden, die Kugel war über dem linken Schlüsselbeine eingedrungen und hatte die 8. Rippe in der Axillarlinie von Innen her gebrochen. Ich wurde öfter gefragt, ob man nicht an der Stelle der evidenten Rippenfractur auf die Kugel einschneiden sollte, weil man dort einen runden beweglichen Körper fühlte. Ich rieth jedoch davon ab, weil dieser bewegliche Körper ein Rippensplitter sein konnte und als solcher wies er sich dadurch aus, dass er sich, mit den Fortschritten der Heilung, vollkommen befestigte, nachdem der Patient lange Eiter ausgehustet hatte. Es war aber in der That schwer, der Versuchung zu widerstehen, in diesem Falle einzuschneiden.

Mit Ausnahme einer einzigen Aderlässe, zu der ich selbst gerathen hatte, wurden bei den Brustverletzten keine Blutentziehungen gemacht. In wie weit dies in einzelnen Fällen wünschenswerth gewesen wäre, kann ich nicht beurtheilen. Sicherlich ist es aber zu beklagen, wenn mit der Vernachlässigung der Blutentziehungen auch die übrige Behandlung weniger vorsichtig wird. Ich musste oft erst Wein und Kaffee beseitigen, liess die Patienten Molke trinken und später Leberthran nehmen. Zweimal ist der Fall vorgekommen, dass Leute, welche für gerettet gehalten waren, wieder umhergehen durften und dann noch an innerer Verblutung aus der verletzten Intercostalarterie starben. Der Tod des einen erfolgte am 35., der des andern am 50. Tage. Die Verletzung der Intercostalis hat also einen mehr als theoretischen Werth, wie die Reports angeben, welche indess auch bemerken, dass die Blutungen aus diesem Gefässe secundär gewesen sind. Nur durch ruhiges Verhalten und vorsichtige Ernährung lässt sich diesen und anderen Gefahren für Brustverletzte vorbeugen.

Verletzungen des Unterleibs.

Zwei geheilte Thoraxleberschüsse schliessen sich an die Thoraxverletzungen an. Ein dritter ähnlicher Fall bei einem 40jährigen Manne verlief erst am 96. Tage tödtlich. Die Leberwunde zeigte sich bei der Section bereits geheilt, auch hatte in den letzten Wochen das aus beiden Oeffnungen fliessende pleuritische Secret keine Beimischung von Galle mehr, die ganze rechte Brusthöhle war mit Eiter gefüllt, obgleich dieser stets frei abfliessen konnte, entweder an der vorderen Eingangsöffnung oder aus der hinteren Ausgangswunde. Im Anfange kam das mit Galle gemischte Secret hinten zum Vorschein, in der späteren Zeit fast nur vorn.

Von geheilten Darmverletzungen haben wir nur einen Fall aufzuweisen, bei einem Cavallerie-Officier, der ausserdem noch 5 andere nicht unerhebliche Wunden trug. Die Kugel war über dem linken Ramus horizontalis eingedrungen und durch den oberen Rand des Darmbeins derselben Seite ausgetreten. Aus der Eingangsöffnung hing ein 1½ Zoll langes Stück Netz, welches dort einheilte und äusserlich abstarb, aus der Ausgangsöffnung floss der Koth 3 Monate lang und die dort abgehenden Darmbeinsplitter verzögerten auch die Heilung der Kothfistel. Excentrische Schmerzen im Cruralnerven machten dem Patienten das grösste Leid. Er wurde schliesslich vollkommen geheilt.

Ein ganz ähnlicher Fall bei einem Soldaten wäre vermuthlich auch glücklich verlaufen, wenn seine Diät vorsichtiger gewesen wäre. Ich traf ihn, wenige Tage nach seiner Verwundung, mit einem grossen Butterbrode von Schwarzbrod und Mettwurst.

Bei dem durch eine Mastdarmwunde am 17. Tage Gestorbenen war die Douglas'sche Falte des Bauchfells geöffnet.

Verletzungen der Harnwerkzeuge.

Die beiden Geheilten sind in hohem Grade merkwürdig.

Bei dem einen war die Kugel über dem rechten Ramus horizontalis ossis pubis eingedrungen und nach Durchbohrung von Blase und Mastdarm, rechts vom os coccygis wieder ausgetreten. Der

Ausfluss des Harns aus der Eingangsöffnung dauerte fast 3 Monate lang, die Defaecation machte grosse Schwierigkeiten und musste durch mechanische Entfernung harter Kothballen öfter erleichtert werden.

Bei dem zweiten war die Kugel hinter dem linken Trochanter major eingedrungen und hinter dem rechten Trochanter major wieder ausgetreten, hatte aber in ihrem sonderbaren Verlaufe die Pars membranacea urethrae und die Pars prostatica vesicae verletzt. In den ersten Tagen waren Urinbeschwerden vorhanden, welche die öftere Anwendung des Katheters nöthig machten, welcher bei seiner Einführung die verletzte Stelle erkennen liess. Später ging die Urinausleerung eine Zeit lang gut von Statten, theilweise freilich durch die Wunden an beiden Oberschenkeln. Der Mann litt am meisten durch Ischias der rechten Seite, wo der Ischiadicus von der Kugel gestreift war. Bei den Fortschritten der Heilung stellte sich eine Strictur der verletzten Stelle der Harnwege ein, welche schliesslich Hofrath Baum in Göttingen durch einfache Dilatation glücklich beseitigte. Er war dabei zugegen, als ich in der Kirche von Merxleben zuerst einen silbernen Katheter einführte und mich dabei über die Diagnose aussprach.

Für diese beiden Patienten hatte ich in Langensalza ein grosses Sitzbad anfertigen lassen, welches in einer Bettstelle angebracht war. In diesem brachten sie liegend mehrere Stunden am Tage zu und fühlten sich beide sehr durch dessen Wochen lang fortgesetzten Gebrauch erleichtert.

Beckenschüsse.

Auf 24 Schussverletzungen der Beckenknochen kommen 11 Geheilte, 12 Gestorbene. Der erste Todesfall erfolgte am 10. Tage, der letzte am 116., obgleich in diesem von dem zertrümmerten rechten Darmbein Sprünge bis in das Hüftgelenk führten, welche dessen Vereiterung veranlasst hatten. Ein ganz gleicher bei einem schon fast 40jährigen Manne endigte am 68. Tage tödtlich.

Unter den Geheilten befinden sich 3, welche noch die Kugel in sich tragen und Fisteln zurückbehielten. Bei einem steckte die Kugel in der rechten Hälfte des Kreuzbeins, bei dem zweiten neben der Spina anterior. inferior. des linken Darmbeins, bei dem dritten an der Innenseite der linken Incisura ischiadica. In einem Falle, wo ich selbst mit dem Finger durch die Incisura ischiadica major eingedrungen war, um nach der Kugel zu fühlen, kam diese, ein in seiner Form wenig verändertes Langblei, nach einigen Tagen von selbst heraus. Es waren aber doch vor der Heilung grosse Gefahren durch übermässige Eiterung zu überstehen. Die übrigen Geheilten hatten durchgehende Schüsse des Darmbeins.

Protrahirte Versuche, die in das Becken eingedrungenen Kugeln zu extrahiren, hatten meistens keinen Erfolg und schienen den tödtlichen Ausgang zu beschleunigen. Dies gilt so ziemlich von allen Versuchen dieser Art auch an anderen leicht zugänglichen Knochen.

Es starb in Langensalza ein schöner junger Mann am 12. August an acuter Pyämie mit einer Kugel in der rechten Tibia, bei der er schon wieder umhergegangen und blühend geworden war. Die üble Wendung erfolgte erst nach 2 vergeblichen Versuchen, die noch festsitzende Kugel zu extrahiren. In einem ganz ähnlichen Falle konnte ich 4 Wochen später die Kugel mit der grössten Leichtigkeit entfernen, welche von dem dahinter angesammelten Eiter vorgeschoben war. Ich hatte die Kugel nur ein wenig deplacirt als eine Eiterwelle hervorbrach, welche deutlich bewies, welche treibende Kraft sie auf die Kugel ausgeübt haben konnte. Man denkt bei solchen Versuchen vielleicht zu wenig daran, welch ein Trümmernest hinter einer im Knochen eingekeilten Kugel liegt und wie dessen Berührung mit der atmosphärischen Luft so leicht zu Osteomyelitis führen kann.

Verletzungen der oberen Extremitäten. Schultergelenksschüsse, Resection.

Von den 7 Schultergelenkschüssen sind 4 geheilt, 1 expectativ, 3 mit Resection.

Von den Gestorbenen muss der erste am Tage nach der Schlacht geendet haben, weil sein Todestag nicht angegeben werden konnte.

Der am 25. Tage Gestorbene war während der Schlacht von einem Civilarzte in Langensalza exarticulirt worden.

Der am 30. Tage Gestorbene hatte eine furchtbare Zertrümmerung durch Granatsplitter, welche weder Resection noch Exarticulation zuliess.

Auffallend ist die geringe Zahl der Schulterresectionen im Verhältniss zu den Elnbogengelenkresectionen.

In den 3 Schleswig-Holsteinschen Feldzügen kamen 19 Resectionen des Schultergelenks auf 41 des Elnbogengelenks, in Langensalza 3 Resectionen der Schulter auf 21 des Elnbogens. Dies führte mich zu der Vermuthung, dass das preussische Langblei leichter von runden Knochen abgelenkt werde, als die älteren Geschosse. Auch bei den zur Resection gelangten Fällen schien es, dass die Kugel mehr im Streifen gewirkt habe, es waren Anfangs keine sichere Zeichen von Fractur vorhanden gewesen, sämmtliche 3 Schulterresectionen waren secundär. Der letzte der 3 Schulterresecirten wurde erst am 83. Tage der Operation unterworfen, weil die stets zunehmende Eiterung und der Verfall der Kräfte dringend dazu mahnten. Es wurden in der Chloroformnarkose ausgedehnte Bewegungen im Schultergelenke gemacht, ohne dass sich eine Continuitätstrennung bemerklich machte; der in die Wunde eingeführte kleine Finger erkannte eine Spalte im chirurgischen Halse. Bei der Resection fand sich ein Tuchstückchen eingeklemmt in der Bruchspalte des chirurgischen Halses, welcher vollkommen getrennt war. Das Projectil musste aus der allein vorhandenen Eingangsöffnung wieder ausgetreten sein.

In allen 3 Schulterresectionen wurde der einfache Langenbecksche Längsschnitt angewendet.

Besonders interessant war eine violente Resection des rechten Schultergelenks, durch Granatsplitter bewerkstelligt. Die vordere Hälfte des Deltoides und ein Theil des Pectoralis major waren durch die Projectile zerstört.

Der Patient schwebte lange in grosser Gefahr durch Brand und parenchymatöse Blutungen der gequetschten Theile, erholte sich aber wieder; nach 7 Wochen kamen die ersten Sequester zum Vorschein, es wurden successive der ganze Kopf und Hals des Oberarms und zuletzt auch die Gelenkfläche des Schulterblatts ausgezogen. Der Arm versprach sehr brauchbar zu werden, der Verletzte lag Anfangs allein auf einem luftigen Vorplatze, später in einer Baracke.

Ein ganz ähnlicher Fall verlief am 30. Tage tödtlich. Unter den übrigen expectativ Behandelten befand sich einer, bei dem die Resectionsfrage öfter ventilirt wurde, die Heilung erfolgte schliesslich, nachdem das Tuberculum minus mit einem Theile des Sulcus intertubercularis nekrotisch ausgestossen waren.

Schussfracturen des Humerus.

Es kamen 30 Fälle mit 10 Todesfällen vor, von denen die beiden ersten durch Trismus am 7. und 11. Tage eintraten; einer starb am 32. Tage nach vorhergegangener Amputation. Die übrigen 7 Todesfälle erfolgten vorzüglich durch Pyämie, der erste am 19. Tage, der letzte am 49. Tage.

Das Mortalitätsverhältniss von 10 : 30 erscheint auf den ersten

Anblick viel weniger günstig, als das der schleswig-holsteinschen Tabelle 5 : 29. Wenn man aber erwägt, dass diese Tabelle 54 Amputationen des Humerus mit 19 Todten nachweist, während bei Langensalza überhaupt nur 6 Amputationen des Humerus mit 1 Todten vorkamen, so sieht man daraus schon, dass in Schleswig-Holstein mehr amputirt wurde und dass sich die Resultate nicht ohne Weiteres vergleichen lassen. In Schleswig-Holstein kamen die besten Resultate erst im 3. Feldzuge mit der grössern Uebung der Aerzte, welche gerade bei den Schussfracturen des Humerus erst im Felde erworben werden kann, weil analoge Verletzungen im Frieden fast gar nicht vorkommen, während die häufigen complicirten Fracturen des Unterschenkels die Vorschule für die betreffenden Schussfracturen sind.

Es giebt für die Schussfracturen der Diaphyse des Humerus nur eine passende Verbandart, wobei der Thorax die Schiene bildet; damit dieser aber ein gleichmässiges Lager bilde, muss zwischen Arm und Thorax ein Kissen liegen. Schon in meiner ersten Abhandlung über Schusswunden (Chirurgie Vol. I. Pag. 810) empfahl ich dazu ein mit Wachstaffent überzogenes Spreukissen. In Schleswig-Holstein machte ich daraus ein Matratzen ähnlich gearbeitetes Kissen, in Gestalt eines rechtwinkligen Dreiecks, mit abgeschnittenen spitzen Winkeln. Dies fand vielen Beifall und so mag es gekommen sein, dass ich dasselbe, gerade weil es meine Erfindung war, in den Maximen nicht dringend genug empfohlen habe. Ochwadt hat demselben die Ehre erwiesen, es abbilden zu lassen und Esmarch liess durch die Hülfscomités sehr vorzügliche Exemplare davon versenden. Sie sind vermuthlich nicht viel gebraucht worden. Ich hatte in Langensalza gleich eine grosse Anzahl davon machen lassen und vertheilt. Die Aerzte wussten aber nicht recht damit umzugehen oder es erschien ihnen die Lagerung des Arms auf dem Kissen zu ungenügend, gegenüber den mauerfesten Panzern eines Gipsverbandes an andern Gliedern. Ich musste diese Verbände immer erst selbst anlegen und oft beim 2. Verbande das bei Seite gelegte Kissen wieder hervorsuchen.

Das an der gesunden Schulter aufgehängte Kissen wird mit von der Mitella umfast, einige Scultetsche Streifen dienen, mit reichlicher krauser Charpie und geölter Gittercharpie zum Verbande. Die Mitella hält das Ganze zusammen. Ein Spreukissen wird dem liegenden Kranken hinter den verletzten Arm geschoben, so dass derselbe theilweise darauf ruht.

Jede an den verletzten Humerus selbst angelegte Schiene ist in den ersten Wochen jedoch jedenfalls gefährlich, sie lässt sich ohne circulären Druck nicht befestigen und stört den Abfluss der Secrete. Mit dem blossen Weglassen solcher Schienen bessern sich sofort Arme, welche der Amputation verfallen zu sein schienen. Die Behandlung der Schussfracturen des Humerus auf dem Thoraxkissen gleicht der der Unterschenkelschussfracturen in der Heister'schen Lade; die Heilung erfolgt, ohne wesentliche Deformität und ohne künstliche Gelenke.

Mit Gipsversuchen wurde der Humerus meistens verschont; ich habe nur 2 davon gesehen, den einen bei einem Reconvalescenten, welcher bald in die Heimath geschickt werden sollte, wo der Verband gute Dienste leistete, der andere bei einem frischen Falle. Hier war der Arm in hoch erhobener Stellung, wie beim Einhauen eingegipst und sah fabelhaft aus, wurde auch bald wieder entgipst. Ich selbst liess einigen Reconvalescenten Halbkapseln von Leder verfertigen, welche ausser dem Oberarme, einen Theil des Vorderarms umfassten. Sie sassen bequem und sahen sehr zierlich aus.

Schussfracturen des Elnbogengelenks. Resection.

Es kamen 22 Fälle mit 1 expectativ Behandelten, 21 Resectionen und 4 Todesfälle vor, in denen die Resection stattgefunden hatte. Einer der Resecirten starb am 70. Tage nach Heilung seiner Wunde an Lungentuberculose, ein Jüngling von seltener Schönheit. Die 3 übrigen Todesfälle nach der Resection erfolgten durch Pyämie, am 25., 26. und 30. Tage. Einer der Resecirten wurde nachträglich wegen Blutungen amputirt und geheilt. Die Resultate der Elnbogengelenks-Resection erscheinen auch etwas ungünstiger als in Schleswig-Holstein, wo von 41 nur 5 starben, in Langensalza 4 von 21. Es wurde in Schleswig-Holstein mehr primär operirt, von 41 wurden 30 schon innerhalb der ersten 3 Tage resecirt, (11 am ersten Tage, 10 am 2. und 9 am 3.). In Langensalza waren von den 21 Resectionen 14 secundäre, mehrere Wochen nach der Verletzung vorgenommen und nur 7 primäre. Es ist dies unvermeidlich, so lange es den Aerzten noch an der nöthigen Uebung in der Diagnose fehlt. Bei den durch Pyämie tödtlich gewordenen secundären Resectionen kommt es in Betracht, dass, obgleich mehrere Wochen nach der Verletzung vorgenommen, die Resection in eine Zeit fiel, wo sich die im Gelenke stattgefundene Zertrümmerung durch plötzliches Auftreten von Arthromenyngitis zu erkennen gegeben hatte, nachdem sie bis dahin durch Eis zurückgehalten war. Ein etwas längeres Zuwarten hätte in dem einen oder in dem anderen Falle vielleicht ein besseres Resultat herbeigeführt. Die plötzlich sehr erweiterten Gefässe hätten sich beim Fortgebrauche der Kälte, oder bei Cataplasmen wieder contrahirt und so wären vielleicht Thrombosen vermieden, welche schliesslich zur Pyämie führten. Doch kamen bei den betreffenden, in Folge der Resection Gestorbenen auch jedesmal üble hygienische Verhältnisse in Betracht, alle 3 hatten weniger gute Stellen als ihre geheilten Cameraden. Die Resection des Elnbogengelenks wurde in der Mehrzahl der Fälle nach Listons Methode mit dem T-Schnitt gemacht, eine einzige machte ich selbst mit einem einfachen Längsschnitte. Es wird von vielen Seiten auf den einfachen Langenbeckschen Längsschnitt grosser Werth gelegt, da aber der T-Schnitt die Operation sehr erleichtert, ohne in der Nachbehandlung besondere Schwierigkeiten zu machen, so dürfte dieser vorläufig noch wohl das Feld behaupten.

In einem Falle, wo die Untersuchung ergeben hatte, dass sich die Zertrümmerung auf das untere Ende des Humerus beschränke, liess ich die Resection unter meiner Assistenz, mitten durch den Triceps machen, dessen Ansatz am Olecranon dabei vollständig erhalten wurde. Von den Vorderarmknochen wurde gar nichts abgesägt. Die Operation selbst bot so wenig Schwierigkeiten dar, dass ich in einem ähnlichen Falle nicht anstehen würde, den Einschnitt an die Innenseite des Triceps zu verlegen, denn bei der Nachbehandlung machten Eiterstagnationen einige Schwierigkeiten. Der geheilte Arm war in seiner Form allen andern vorzuziehen und versprach grosse Brauchbarkeit.

Es dürfte sich empfehlen, die Resection des Elnbogengelenks, mit Erhaltung des Ansatzes der Tricepssehne und des Olecranon an der Leiche einzuüben, um in geeigneten Fällen von der entsprechenden Methode Gebrauch machen zu können.

Wenn die Reports der Union bemerken, unvollkommene Resectionen des Elnbogengelenks seien viel gefährlicher, als vollkommene, so beruht dies, nach meinen zahlreichen Erfahrungen, auf einem Irrthume, der aus einer verschiedenen Nachbehandlung entsprungen sein mag. Wir haben schon in Schleswig-Holstein nur diejenigen Gelenktheile mit der Säge verkürzt, welche von der Kugel zertrümmert waren und nur das Olecranon auch da abgekürzt, wo die Vorderarmknochen übrigens intact blieben. Legt man aber, nach Listons Manier, den resecirten Arm nicht, fast gerade ausgestreckt, auf eine glatte Schiene, wie ich, sondern im flectirten Zustande in eine Mitella, so stemmen sich bei einer unvollkommenen Resection die Knochen gegen einander und unterhalten eine gefährliche Reizung.

In zwei Fällen, wo nur der äussere Condylus zertrümmert war, verfuhr ich nach der Art der dänischen Aerzte, indem ich nur die Wunde erweiterte und die Fragmente extrahirte. Der eine Fall verlief ohne Schwierigkeiten und heilte schneller als eine Resectionswunde mit Anchylose. In dem zweiten Falle traten 5 parenchymatöse Blutungen auf, welche einen ängstlichen Operateur vielleicht veranlasst hätten, zu amputiren. Ich erklärte dieselben aus der mit Heftigkeit aufgetretenen Arthromenyngitis und liess die Blutungen ruhig gewähren, welche sich nach vollständig eingetretener Eiterung, auch nicht wieder erneuerten, so dass auch dieser Fall ziemlich schnell mit Anchylose endigte. Doch haben mir die dabei vorgekommenen stürmischen Erscheinungen die Lust genommen, andere Versuche mit dieser dänischen Methode anzustellen. Es fehlt dabei die ausgiebige Trennung der Gelenkbänder, welche vorzugsweise dazu dient, einer excessiven entzündlichen Reaction vorzubeugen.

In einem der tödtlich verlaufenen Fälle war die von einem Civilarzte verrichtete Operation nach meiner Ansicht nicht indicirt und am 5. Tage zu ungünstiger Zeit vorgenommen. Es handelte sich um einen Säbelhieb in das Elnbogengelenk, bei welchem die Heilung auch ohne Resection hätte erfolgen können.

Die Nachbehandlung der Elnbogenresecirten geschah Anfangs auf der von mir angegebenen Resectionsschiene und es wurde sehr darauf gehalten, den Arm beim Verbande nicht von der Schiene zu entfernen. Professor Esmarch, der mich in Langensalza besuchte, verbesserte dort die Resectionsschiene auf eine Art, welche allgemein gekannt zu sein verdient. Ich lasse sie deshalb hier abbilden.

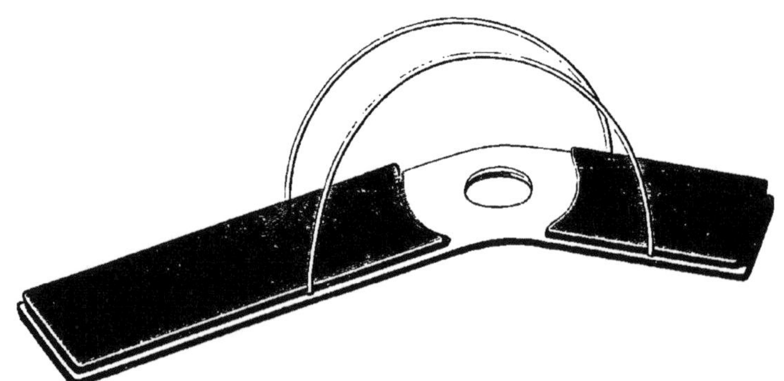

Ueber meiner gewöhnlichen aber nicht gepolsterten Resectionsschiene, liegt eine zweite in der Mitte durchbrochene, mit deren

Hülfe man den Arm aufheben kann, ohne das Gelenk zu beunruhigen. Ich liess für die noch vorhandenen Elnbogenresecirten 8 Exemplare anfertigen, welche sofort in Gebrauch genommen wurden und grossen Beifall, sowohl bei den Operirten als auch bei den Aerzten fanden. Das Princip dieser Schiene würde sich auch für andere analoge Zustände verwenden lassen.

Schussfracturen des Vorderarms und der Hand.

Auf 10 Schussfracturen des Radius
„ 12 „ der Ulna
„ 7 „ beider Knochen
„ 5 „ des Handgelenks

kamen 4 Todesfälle, bei denen Blutungen im Spiele waren. In einem Falle von Schussfractur des Radius in der Nähe des Elnbogengelenks war der Verlauf so leicht gewesen, dass der 17jährige junge Mann schon wieder umhergegangen war.

Am 20. Tage entstanden Blutungen, welche den behandelnden Arzt veranlasten, die Brachialis zu unterbinden. Der Arm wurde brandig und der Tod erfolgte schon am 24. Tage. Ich wurde nur consultirt in Betreff der Frage, ob, bei nicht stillstehendem Brande, die Exarticulation des Schultergelenks rathsam sei. Ich verneinte diese, weil der Brand sich über die Unterbindungsstelle der Brachialis hinaus erstreckte, also theilweise von Venenthrombose abhängen müsse.

In einem Falle von Schussfractur der Ulna bei einem älteren Cavalleristen mit heftiger Blutung unterband ich die A. interossea nach Hinwegräumung der Splitter der zertrümmerten Ulna. Die Wunde war in bester Heilung als der Verwundete 4 Wochen später am 43. Tage durch Delirium tremens zu Grunde ging.

Die Verletzungen des Handgelenks hatten sämmtlich einen viel gelinderen Verlauf, als ich in Schleswig-Holstein gesehen. Ich kann dies nur dem anhaltenden Gebrauche der Eisbeutel zuschreiben, während es in Schleswig-Holstein oft an Eis fehlte.

Finger-Amputationen (5) und Exarticulationen (2) sind, nach Ausweis der Invalidenlisten zu wenige gemacht worden; manche Hand wurde unbrauchbar durch Erhaltung eines gerade, oder krumm geheilten steifen Fingers und machte ihren Besitzer zum Pensionär. In einer späteren Zeit entschliessen sich die Invaliden, schon der Pension wegen, nicht leicht zur Wegnahme des störenden Fingers.

Schussfracturen der unteren Extremitäten. Schussfracturen des Schenkelhalses.

Es sind 2 extraeapsuläre Schussfracturen des Schenkelhalses glücklich geheilt worden, deren weiter unten gedaeht ist. Bei einer intracapsulären Schussfraetur wurde die Resection am 20. Tage bei dem durch grosse Leiden sehr erschöpften Patienten, ohne sonderliche Hoffnung gemacht und zwar mit einem äussern Querschnitt. In anatomischer Beziehung war der Fall für die Resection sehr günstig, der Schenkelkopf war von seinem Halse völlig getrennt, so dass der letztere nur mit der Säge geebnet zu werden brauchte. Der Tod erfolgte sehon am 22. Tage.

Die grossen Leiden dieses Mannes mit abgeschossenem Schenkelhalse eontrastirten sehr lebhaft mit den viel geringeren der Leute, bei denen Sprünge der Beckenknochen bis in das Hüftgelenk führten. Bei diesen waren die Zufälle der Coxitis nur sehr gering, trotzdem, dass das ganze Gelenk schliesslich in Verjauchung übergegangen war. Einer dieser Kranken, welcher am 68. Tage starb, verlangte noeh einen Tag vor seinem Tode, auf dem Nachtstuhle sitzend, verbunden zu werden, er konnte den Oberschenkel in dem ganz verjauchten Hüftgelenke beugen und strecken.

Die Reports der Union berichten über 30 Resectionen des Hüftgelenks mit 3 Erfolgen. Man erfährt aber nicht, ob die Operationen primäre oder secundäre waren. Die primäre Resection wäre jedenfalls vorzuziehen aber die frühzeitige Diagnose wird ihre Schwierigkeiten haben, wenn alle Dislocation fehlt und selbst wenn diese vorhanden ist, macht noch die Unterscheidung von intra- und extracapsulärer Verletzung Schwierigkeiten. Dass extracapsuläre Schussfraeturen heilbar sind, beweisen unsere beiden Fälle. Der eine Geheilte befindet sieh noch hier im Henriettenstifte, geht aber mit einer Verkürzung von 1½ Zoll sehr gut am Stocke.

In Langensalza habe ich einen Fall bei einem Officier um so genauer beobachtet, weil ich ihm selbst die Kugel ausschnitt, welche unter dem Trochanter major eingedrungen, bis zum Tuber ischii gelangt war. Erst nach 8 Tagen zeigte sich, dass das Femur durch die aufschlagende Kugel gebrochen war, ohne Anfangs die geringste bemerkbare Dislocation hervorzubringen.

Wenn dies an der Diaphyse des Femur möglich ist, so kommt es, wie ohnehin bekannt, in der Gegend der Trochanteren noch viel mehr in Betraeht. Deshalb kann man der Resection des Schenkelkopfs, abgesehen von den Nebenverletzungen, schon der schwierigen Diagnose wegen, keine fröhliche Zukunft prophezeien.

Schussfracturen der Diaphyse des Femur.

Zahl der Fälle		29
Davon geheilt mit Erhaltung des Gliedes	10	
Geheilt mit Amputation	3	
Summa der Geheilten	13	

Gestorben an Trismus	1
„ „ Pyämie	11
„ „ Entkräftung ohne Pyämie . . .	3
„ nach vorhergegangener Amputation .	1
Summa der Gestorbenen	16
Dazu die Geheilten . .	13
Summa	29

Nach der Schleswig-Holsteinschen Tabelle kommen 14 mit Erhaltung des Gliedes Geheilte auf 28 Schussfracturen des Oberschenkels. Es fehlt aber eine Angabe über Diejenigen, welche nur wegen Schussfractur des Femur amputirt worden sind, deren Zahl freilich nicht gross sein kann, aber doch hinreichend die kleine Differenz der Resultate mit Langensalza auszugleichen.

Die in Langensalza bei Schussfracturen des Femur gemachten Amputationen geschahen mit Ausnahme des tödtlich verlaufenen Falles nur wegen Mitbetheiligung des Kniegelenks, welche entweder primär oder secundär war. In einem Falle z. B. hatte das scharfe obere Fragment später das Kniegelenk angebohrt und dadurch in Eiterung gesetzt.

Unter den 10 mit Erhaltung des Gliedes Geheilten befanden sich 2 mit extracapsulären Schussfracturen des Schenkelhalses,

1 mit Schussfractur 2 Zoll unter dem Trochanter major,

2 mit Schussfractur 3 Zoll über der Patella,

5 mit Schussfracturen im mittleren Drittheil.

Bei allen diesen Geheilten kamen gar keine, oder nur kleinere Bruchsplitter zum Vorschein.

In allen tödtlich verlaufenen oder mit Amputation geheilten Fällen war ausgiebige Splitterung vorhanden und es scheint darin die grössere Lebensgefahr mehr zu bestehen, als in der grösseren oder geringeren Nähe der Gelenke.

In Langensalza kamen nach obigen auf 26 conservativ Behandelte 10 Heilungen vor.

Dies giebt eine Mortalität von 61,54 Procent für die conservative Chirurgie.

Diese Zahl stimmt merkwürdiger Weise genau überein mit derjenigen, welche sich ergiebt, wenn man die in den Reports der Union Pag. 31 aufgeführten, conservativ behandelten Fälle von Schussfractur des Femur im oberen, mittleren und unteren Drittheil, ohne Betheiligung der Gelenke, zusammenzieht, die mittlere Zahl der Mortalität (für das obere Drittheil 71,81, für das mittlere 55,46 und für das untere 57,79) beträgt dann 61,68.

Die Gesammtzahl der dabei in den Reports in Betracht kommenden Fälle beträgt 741 Schussfracturen des Femur.

Es scheint also, dass unter 100 Fällen von Schussfractur des Femur, ohne Betheiligung der Gelenke 40 Procent heilbare Fälle vorkommen, wenn man sich, wie auch für die Nordamerikaner anzunehmen steht, bemüht, alles anzuwenden, was die Erhaltung des Gliedes fördern kann.

Die Behandlung in Langensalza war keine übereinstimmende. Ich selbst rieth die Pottsche Seitenlage anzuwenden, bis das Glied auf ein Planum inclinatum duplex gelegt werden konnte, an welchem weder Seitenbretter noch Zapfen befindlich waren. Ich liess diese Plana in grosser Zahl anfertigen, sie waren schwach gepolstert und mit Ledertuch überzogen.

Von Andern wurden muldenförmige gerade Schienen von Zinn angewendet, in denen das Glied gerade ausgestreckt lag. Beim Verbande wurden die Seitentheile der Zinnschiene abgebogen, aber doch meistens das Glied aus der Schiene gehoben.

Auch die Bonnetsche Drathhose wurde versucht. Den Langerschen eisernen Stuhl hatte ich vorräthig, wir fanden ihn aber schon für Gesunde so unbequem, dass wir ihn nicht versucht haben.

Gipsverbände wurden vorzugsweise versucht, mussten aber, wo sie frühzeitig angelegt waren, immer wieder entfernt werden, weil sie Druckbrand am Sitzknorren machten, oder andere Unzuträglichkeiten hatten. Mit einer einzigen Ausnahme kamen schliesslich alle Schussfracturen des Femur auf ein Planum inclinatum zu liegen.

In 7 Fällen wurde bei stets zunehmender Eiterung und grosser Splitterung ein 3 Zoll langer Einschnitt an der Aussenseite gemacht, welcher bis in die Fractur-Eiterhöhle führte. Durch diese Oeffnung wurden Bruchsplitter, Sequester und 2 Mal auch Projectile entfernt. Nach dieser Operation besserten sich Anfangs fast alle Patienten, erlagen aber bis auf einen, der später wieder zunehmenden Eiterung. Dieser einzige von 7 ähnlichen Fällen Geheilte hat seine Krankengeschichte auf geistreiche und belehrende Weise selbst in der Gartenlaube erzählt. Er hatte die gerade Zinnschiene, den Gipsverband und die Bonnetsche Drathhose durchgemacht, ehe er auf das Planum inclinatum zu liegen kam. Am wenigsten gut ist er auf den Gipsverband zu sprechen. Seine Fractur befand sich 2 Zoll unter dem Trochanter major. Es wurden nur einige kleine Bruchsplitter und die Hälfte des Projectils bei der Operation ausgezogen. Die andere Hälfte war schon am Tage nach der Schlacht durch einen Schnitt dicht am Perinaeo entfernt worden. Der Einschnitt an der Aussenseite geschah am 52. Tage unter den übrigen 6, diesem Verfahren unterworfenen, bei zweien in der 3. Woche, bei dreien am 53. Tage.

Der glücklich Geheilte würde, ohne den grossen Einschnitt, dem Tode sicher nicht entgangen sein, er lag aber, was zu seiner Erhaltung wesentlich beigetragen haben wird, allein in dem schönen Gartensalon eines Privathauses unter der liebevollsten Pflege. Die übrigen lagen in Hospitälern.

Ich bin überzeugt, dass grosse Einschnitte dieser Art für gewisse Fälle von Schussfracturen des Femur unentbehrlich sind und es kann sich nur um die Frage handeln, unter welchen Umständen sie mit dem meisten Erfolge gemacht werden. Der richtige Augenblick für den Einschnitt wird gekommen sein, sobald sich die Fracturstelle in eine grosse Abscesshöhle verwandelt hat. Der geringe Erfolg, den dieser Einschnitt in Langensalza gehabt hat, ist theilweise wenigstens der nicht consequenten vorhergehenden Behandlung zuzuschreiben. Man könnte die Frage aufwerfen, ob es nicht besser gewesen sei, öfter im oberen Drittheil zu amputiren, wie das Verzeichniss der Gestorbenen nachweist, lebten viele noch geraume Zeit nach der Verwundung. Der erste Todesfall erfolgte schon am 5. Tage an Trismus, der letzte am 114. Tage.

Nur eine Amputation dieser Art wurde gemacht am 63. Tage, der Patient starb schon am 64. Tage. Eine secundäre Amputation im oberen Drittheil wird jetzt fast einem Todesurtheil gleich gehalten.

Monographien über Schussfracturen des Femur würden jedenfalls sehr erwünscht sein, und, indem sie den schwierigsten Punkt aufhellten, mehr Nutzen stiften, als vollständige Pathologien und Therapien der Schusswunden.

Knieschüsse.

Die Statistik von Langensalza zeigt unter

41 Kniegelenksverletzungen,
30 Schussfracturen,
8 Knochencontusionen,
3 Weichtheilschüsse.

Davon sind 26 geheilt
mit Amputation des Oberschenkels 15,
mit Erhaltung des Gliedes 11.
Gestorben sind . . . . 15 nach vorhergegangener Amputation.
Summa . . . 41.

Man könnte aus dieser Statistik auch allenfalls den Schluss ziehen, es sei nicht so schlimm mit den Knieschüssen wie man früher geglaubt habe und es bedürfe nur des Versuches um auch diese gefürchteten Wunden in das Bereich der conservativen Chirurgie zu ziehen. Man beruft sich dabei auf Fälle, in denen die Kugel neben der Patella eindrang und in der Kniekehle wieder austrat, also das Kniegelenk geöffnet haben müsse. Man vergisst dabei, dass es zu Anfang unseres Jahrhunderts schon einen Mann gegeben hat, bei dessen Tode man sagte, die Sonne der französischen Chirurgie sei mit ihm untergegangen. Sein Name war Dupuytren. Er fing seine Studien über die Wirkungen der Projectile damit an, dass er, nach der Julirevolution, ihre Spuren an Säulen und Nischen der Häuser von Paris studirte, wodurch er dann den für die chirurgische Praxis wichtigen Lehrsatz erläuterte, dass die Kugeln nicht immer in einer annähernd geraden Richtung fliegen. Dies hatte man freilich längst gewusst, aber Dupuytren hielt es offenbar für nöthig, es auf eine handgreifliche Weise in Erinnerung zu bringen, um solche Urtheile zu vermeiden, wie, die Kugel ist hier ein- und dort ausgetreten, muss also folgende Theile verletzt haben. Wenn deshalb eine Schusswunde am Knie ohne Schwierigkeiten heilt, bei welcher die Kugel das Gelenk geöffnet haben müsste, wenn sie einen geraden Lauf eingehalten hätte, so urtheilt ein vorsichtiger Arzt: sie muss von ihrem geraden Fluge abgelenkt sein und hat das Gelenk umgangen.

Nach den Erfahrungen in Langensalza muss ich leider mehr als je der Ansicht huldigen, dass eine mit Eröffnung der Gelenkkapsel hervorgebrachte Verletzung der articulirenden Gelenkenden zu den schwersten Verletzungen gehöre, bei denen die conservative Chirurgie sich bis jetzt ziemlich machtlos gezeigt hat.

In Langensalza waren die Verwundeten nicht weit transportirt, die verletzten Kniegelenke wurden immobilisirt und es fehlte nicht an Eis, wie öfter in Schleswig-Holstein. Es fehlte auch nicht an Aerzten, welche mit Beharrlichkeit an der Idee hingen, die Kniegelenksschüsse müssten heilen, wie andere Wunden, und doch wurde nichts erreicht, gar nichts in allen Fällen, in welchen die Diagnose durch Ausfluss von Synovia über allen Zweifel erhoben war. Die

Wunde der Weichtheile heilte wohl zu, brach öfter wieder auf, entleerte von Neuem Eiter und Synovia, schliesslich erfolgte eine rapide Arthromenyngitis totalis mit Aufbruch unter der Fascia lata des Oberschenkels und die Amputation wurde unvermeidlich. Die Section des abgenommenen Gliedes zeigte dann wohl an einem der Condylen einen kleinen Eindruck von der Kugel, kaum gross genug, um die Spitze des Zeigefingers aufzunehmen, und doch war die Natur nicht im Stande gewesen, die kleine in die Gelenkhöhle sehende Knochenverletzung zur Heilung zu bringen. Es kommt endlich zu einer Bildung von Zersetzungsproducten, durch deren Einfluss das ganze Gelenk plötzlich in Eiterung geräth.

Wie lange man durch Ruhe und Eis ein schwer verletztes Kniegelenk hinhalten kann, bewies folgender Fall. Ein Cavallerist war mit der Diagnose Prellschuss an der inneren Seite des rechten Kniegelenks aufgenommen. Als ich wegen dieses Falles am 36. Tage zuerst consultirt wurde, empfahl ich die Amputation, weil der innere Condylus stark angeschwollen war und Synovia, wenn auch in geringer Menge, ausfloss. Ich schloss auf eine ernsthafte intracapsuläre Verletzung des inneren Condylus. Die Amputation wurde verworfen. Es stellte sich 14 Tage später heraus, dass sie unvermeidlich sei und es zeigte sich, nach Abnahme des Gliedes, dass die Kugel 1/2 Zoll tief, im inneren Condylus steckte. Dessen ungeachtet war das Befinden des Mannes erträglich gewesen und die Wunde war dem Anscheine nach mehrmals zugeheilt gewesen, auch waren die Anfänge einer knöchernen Anchylose bereits vorhanden, welche aber, wie man auch in der Civilpraxis sehen kann, die Gefahren des Zustandes nicht immer beseitigen. Ich will dabei nicht leugnen, dass es Fälle giebt, in denen eine durch eine Kugel gemachte Oeffnung im Kniegelenke wieder zuheilt, aber sie müssen sehr selten sein, ich habe keinen gesehen und hoffe auch nicht allzu sehr darauf, denn eine Kugel, welche das Kapselband öffnet, wird in der Regel eines der Gelenkenden contundiren. Ich bin deshalb auch der Ansicht, dass man bei penetrirenden Knieschüssen der conservativen Behandlung im Allgemeinen kein Zutrauen schenken dürfe. Wird dies zugegeben, so sind wir angewiesen:

1) auf primäre Amputation des Femur im unteren Drittheil. Dies ist der Weg, den wir in Kirchheilingen eingeschlagen haben;

2) auf die primäre Kniegelenksresection, welche in Nordamerika von beiden kriegführenden Parteien verworfen wird;

3) auf secundäre Amputation, wenn die Diagnose zweifelhaft war oder der richtige Zeitpunkt für die primäre versäumt wurde;

4) auf secundäre Eröffnung des Kniegelenks und Extraction der Splitter.

Dieser Weg wurde in der Armee der Conföderirten versucht (vid. Chisholm, Medical Times 1866. Nr. 861.). Es wurden 103 Fälle dieser Behandlung unterworfen, wobei das Kniegelenk ausgiebig geöffnet wird. Von diesen 103 Patienten wurden 50 erhalten und 53 starben. In einigen der betreffenden Fälle erfolgte die Heilung schon in 15 Tagen, sie konnte also nicht ernsthafter Natur sein, wie Chisholm selbst zugiebt, ihre Zahl ist nicht angegeben, bei den übrigen aber war die durchschnittliche Dauer der Cur 166 Tage, woraus sich die Schwere der Verletzung vermuthen lässt. Chisholm will für grössere intracapsuläre Zertrümmerungen des Kniegelenks die Amputation beibehalten wissen, welche bei den Conföderirten eine Mortalität von 46 Procent ergab und will nur die leichteren intracapsulären Verletzungen für die angegebene Curmethode reserviren. Es würde sich der Mühe lohnen, diesen Angaben von Chisholm weiter nachzuforschen; ich verfolgte 1849 eine ähnliche Idee, brachte sie aber nur in einem Falle zur Anwendung, welcher durch Pyämie tödtlich verlief. Es würden jedenfalls sehr gute hygienische Verhältnisse dazu gehören um etwas damit auszurichten, unter zweifelhaften Zuständen würde man damit die Mehrzahl der Kranken dem Tode durch Pyämie überliefern und andere Verwundete gefährden. Dadurch, dass man amputirt, sorgt man vermuthlich am sichersten für die Erhaltung der betreffenden Knieverletzten selbst, und verbessert zugleich die Salubrität der Hospitäler durch Vermeidung protrahirter Eiterungen.

Wenn man mit einem Etat von Aerzten zu Felde zieht, die noch nie Schusswunden behandelt haben, so ist es besser, sich Anfangs nicht mit neuen Versuchen zu befassen. Was würde dabei herausgekommen sein, wenn ich am Tage der Schlacht die Amputation des Oberschenkels bei zerschmetterten Kniegelenken in Kirchheilingen discreditirt oder verzögert hätte? sicherlich kein Resultat, wie das von 8 Geheilten auf 9 Oberschenkelamputationen, wegen evidenter intercapsulärer Schussfracturen des Kniegelenks.

Zu den sehr merkwürdigen expectativ behandelten Knieschüssen gehört der eines jungen Officiers, bei dem die Kugel noch jetzt im äusseren Condylus des linken Femur steckt. Im September schien sie völlig eingeheilt zu sein, später gaben zu anhaltende Bewegungen die Veranlassung zu neuen Ergiessungen im Kapselbande, welche mit Unterbrechungen, durch einen sehr anhaltenden Gebrauch von Eisbeuteln im Zaume gehalten und zertheilt werden.

Jetzt ist kein Exsudat in der Kapsel und die Kugel hat sich

der Oberfläche so genähert, dass sie durch die bedeckenden Weichtheile gefühlt werden kann. Da sie aber ganz unbeweglich ist und meistens gar keine Eiterung unterhält, so hat man es für das Klügste gehalten, operative Eingriffe zu vermeiden, welche den Antecedentien nach zu einer raschen Arthropyosis führen könnten, während das Abwarten ein sicheres Resultat verspricht.

Schussfracturen des Unterschenkels und des Fussgelenks.

Schussfracturen der Tibia	. . . . .	40	mit	6	Todten,
„ „ Fibula	. . . . .	13	„	1	„
„ beider Knochen	. . .	38	„	15	„
„ des Tibiotarsalgelenks	.	15	„	3	„
Summa	. . .	106	mit	25	Todten.

Von den Schussfracturen beider Knochen endigten 2 tödtlich durch Trismus. Es sind hier zu erwähnen die 17 Amputationen des Unterschenkels mit 8 Todten, welche grösstentheils hierher gehören und von denen auch ein Fall durch Trismus tödtlich wurde. Ohne vorhergegangene Amputation sind also 17 gestorben, nach Abzug der beiden dem Trismus erlegenen 15, an den Folgen ihrer Verletzung allein und der dabei eingetretenen hochgradigen Entzündung und Pyämie.

Man könnte die Frage aufwerfen, ob man nicht etwas mehr hätte amputiren sollen. Sie würde aber schwer zu beantworten sein, denn man müsste zunächst fragen, ob nicht etwas weniger hätte gegipst werden sollen. Es wurde viel gegipst, und mit sehr üblem Erfolge, selbst für diejenigen, welche mit Erhaltung des Gliedes davon kamen. Die Eiterungen waren stärker, die Sequester zahlreicher und die nachbleibenden Deformitäten grösser als ohne Gips.

Die zahlreichen Unterschenkel-Schussfracturen kamen schliesslich alle auf Heistersche Laden zu liegen. Dem alten Heister muss das Herz im Leibe gelacht haben, wenn er davon Notiz genommen hat. Wir hatten 2 Sorten Heistersche Laden, eine grössere mit Beinen, welche wir von Hannover mitgebracht hatten und für die schwierigsten Fälle benutzten. Die kleinere Sorte, ohne Beine, liess ich in grosser Zahl gleich nach der Schlacht anfertigen. Sie wurden meistens durch Unterlagen erhöht, thaten doch aber sehr gute Dienste. Ihr Preis ist so unbedeutend, dass er gar nicht in Betracht kommt. In einigen wenigen Fällen musste der Gebrauch der Heisterschen Lade für eine Zeit lang mit der Pottschen Seitenlage vertauscht werden.

Nach eingetretener Consolidation wurden in einigen Fällen wieder Gipsverbände angelegt. Die Vergleichung der Resultate der Behandlung der Schussfractur des Unterschenkels und des Fussgelenks in Schleswig-Holstein und in Langensalza ergiebt Folgendes:

		Geheilt:		Gestorben:	
Schlesw.-Holst.	Fälle 142:	mit Amp.	ohne Amp.	mit Amp.	ohne Amp.
		28.	76.	18.	20.
		Summa geheilt 104.		Gestorben 38.	
Langensalza.	Fälle 106:	9.	72.	8.	17.
		Summa geheilt 81.		Gestorben 25.	

Es wurde also in Schleswig-Holstein mehr amputirt, bei weniger günstigen Gesammtresultaten, aber besseren Resultaten der Amputationen an sich, wie dies nicht ausbleibt, wenn man nur die schlimmsten Fälle für die Amputation reservirt. Das Mortalitätsverhältniss der Unterschenkel-Amputirten betrug in Schleswig-Holstein 39 Procent, in Langensalza 47 Procent, ein Unterschied von 8 Procent.

Die Verletzungen des Fussgelenks haben zu besonderen chirurgischen Unternehmungen kaum Veranlassung gegeben.

Unter meinen eigenen Händen gestaltete sich die Splitterextraction einer zerschmetterten unteren Epiphyse der Tibia zu einer Resection des Fussgelenks, die Kugel hatte die obere Gelenkfläche des Astragalus abgesprengt. In den ersten 8 Tagen war Hoffnung zur Erhaltung des Fusses vorhanden, dann wurde derselbe brandig. Die Demarcation erfolgte mit Hinterlassung eines Lappens wie bei Syme's Operation, welcher sich, nach Abstossung von Sequestern der Tibia und Fibula anlegte und einen guten Stumpf bildete.

Ich wurde mehrere Male consultirt von Aerzten, welche die Resection des Fussgelenks zu machen geneigt waren, aber immer in Fällen, welche bei einem expectativen Verfahren gut verliefen.

In einem so glücklich verlaufenen Falle kam ein Theil der oberen Gelenkfläche des Astragalus zum Vorschein.

Fussschüsse.

Von 76 Fussschüssen verliefen 4 tödtlich, 3 darunter an Trismus, 1 an Pyämie.

Mit Ausnahme einer Chopartschen Operation, welche am Tage der Schlacht wegen Zertrümmerung des vorderen Theils des

Fusses durch eine Kanonenkugel, gemacht wurde, gaben diese vielen Fussschüsse zu besonderen operativen Eingriffen keine Veranlassung zum grossen Erstaunen vieler Aerzte, welche kaum begreifen konnten, wie aus einem dick geschwollenen Fusse mit Schussfracturen der verschiedensten Art jemals wieder brauchbare Glieder werden könnte. Es ist deshalb nicht zu verwundern, wenn bei Flintenschüssen des Fusses von Lisfrancschen, Chopartschen, Pirogoffschen und Symeschen Operationen kaum die Rede sein kann.

Bei Verletzungen durch grobes Geschütz ist es gefährlich, nahe an der verletzten Stelle zu operiren.

Am Tage nach der Schlacht 9 Uhr Abends, liess ich noch einen Unterschenkel dicht über den Malleolen amputiren, weil der Fuss durch eine Kanonenkugel zertrümmert war. Der Hautlappen wurde theilweise brandig. Der Verwundete bekam chronischen Trismus, welcher gemischt mit den Erscheinungen chronischer Pyämie bis zu seinem, am 63. Tage erfolgten Tode, fortdauerte. Ich bereute es später, nicht die Amputation an der Wahlstelle vorgezogen zu haben, dies hätte ihn wohl nicht vor dem Trismus aber vielleicht vor Brand und chronischer Pyämie bewahrt und der chronische Trismus wäre nicht tödtlich geworden.

Versuche, festsitzende Kugeln zu extrahiren, misslangen fast immer, während das längere Verbleiben derselben in der Wunde keinen erheblichen Schaden zu bringen schien. Eine im Calcaneus steckende Kugel, welche verschiedene Male angebohrt worden war, kam erst am 124. Tage zum Vorschein und zwar auf der Aussenseite des Calcaneus, wo sie durch einen Schnitt ausgezogen wurde.

Trismus und Tetanus.

Die in Langensalza und Kirchheilingen vorgekommenen Fälle von Trismus verdankten ohne Ausnahme ihre Entstehung dem gleich Anfangs Juli nach grosser Hitze aufgetretenen kalten Wetter. Es waren im Ganzen 13 Fälle, 10 der acuten und 3 der chronischen Form. Die acuten Fälle verliefen tödtlich vom 3. bis zum 14. Juli. Von den chronischen Fällen wurde einer geheilt, einer starb wie oben erwähnt, am 63. Tage und einer 2 Monate später an der Lungenschwindsucht, nachdem die Zufälle des Trismus längst aufgehört hatten. Er ist deshalb nicht unter den am Trismus Gestorbenen aufgeführt. Seine Wunden waren leichte Fleischwunden der Unterextremitäten, welche lange geheilt waren, als er starb.

Splitterextractionen.

Die in der Tabelle aufgeführten Operationen dieser Art betrafen theils Fälle, in denen aus leicht zugänglichen Wunden die leicht zu entfernenden Bruchsplitter ausgezogen wurden, theils Fälle, in denen, nach vollständig entwickelter Eiterung, Bruchsplitter oder Sequester von grösserem Umfange extrahirt wurden. Es wurden dabei oft grössere Einschnitte gemacht und in einzelnen Fällen spitze Fragmente mit der Knochenzange oder der Stichsäge geebnet. Manche Aerzte nannten das Continuitätsrection, ohne darauf zu achten, dass man darunter früher etwas ganz anderes verstand, nämlich eine vollständige Ebnung der Fragmente mit der Säge, so dass sich 2 parallele Knochenwundflächen einander gegenüber standen.

Aehnliche Missverständnisse müssen auch wohl zu Grunde liegen, wenn die Reports der Union und andere Schriften von den guten Erfolgen der Continuitätsresectionen sprechen, die vermuthlich auch nichts weiter als Splitterschnitte, Klastotomien, gewesen sind, oder in einer späteren Zeit Nekrotomien, wenn es sich um Sequester handelt.

Amputationsmethoden.

Für die Amputation war der zweizeitige Zirkelschnitt die bevorzugte Methode.

	Primäre Amputation.	Secundäre Amputation.	
Lappenschnitt .	8,	10, . . .	= 18.
Zirkelschnitt .	33,	21, . . .	= 54.
Summa . . .	41.	31. . . .	= 72.

Die Resultate in Betreff der Bildung des Stumpfes waren bei beiden Methoden gleich befriedigend. Es kamen weder kegelförmige Stümpfe, noch ausgedehnte innere Nekrosen des Knochenstumpfes vor. Dies hat mich in der Ansicht bestärkt, dass Osteomyelitis des Amputationsstumpfes nicht von der Amputationsmethode oder von der Beschaffenheit der Säge abhängt, sondern von den hygienischen Verhältnissen.

Wenn diese von der Art sind, dass ein pyämisches Miasma das Blut verderben kann, so giebt die Blutalteration zunächst die Veranlassung zu Thrombosen der Venen des durchsägten Knochens, deren Endresultat Knochenphlebitis oder Osteomyelitis genannt wird. Es ist hier also nur durch Hygiene zu helfen, nicht durch Aenderungen in den Amputationsmethoden.

Unglücksfälle durch Chloroform haben wir nicht zu beklagen gehabt.

In Betreff der Vergleichung der operativen Thätigkeit und ihrer Erfolge in Schleswig-Holstein und Langensalza kann ich auf die Tabelle Pag. 26 und 27 verweisen. Sie ergiebt, wie es mir scheint, einen den besonderen Umständen entsprechenden Fortschritt der conservativen Chirurgie, bei welcher nicht bloss Menschenleben, sondern auch Glieder in grösserer Zahl erhalten werden sollen.

Hofbuchdruckerei der Gebr. Jänecke.